大人の条件

さまよえるオトナたちへ

林伸次
Shinji Hayashi

産業編集センター

はじめに

僕、二〇二〇年現在五一歳で、渋谷でバーを二三年間やってきたんですね。このバー、ワインが中心で、アナログレコードでボサノヴァをかけているという古くさいバーなんです。一方で僕、ずっと作家志望でして、小説を書いたり、音楽に詳しいのでCDのライナーを書いたり、音楽雑誌で新譜紹介の記事を書いたりもしてたんです。

そのうち、「バーの店主がカウンターの中から見た、都会の夜の恋愛模様」みたいなコラムの依頼が増えてきて、肩書きが「恋愛マスター」ってなってたりするようになりました。

まあでも、実際の僕は結婚していて今三一歳の娘もいて、もちろん最近みんなが利用しているマッチングアプリなんて利用したことないし、今の若い人の恋愛事情なんてどんどんわからなくなってきているんですね。

それで、cakes編集長の大熊信さんと「どういう方向性の記事を書いていけばいいんでしょうね」と話していたところ、大熊さんが「林さんは、『人生経験豊かな渋谷のマスターが、若い人に向かっていろいろと人間関係や社会のこと、マナーのことなんかを教えてあげる』っていう文章を書くべきだ」って言うんです。

そんな「偉そうなの」嫌ですよね。それでなくても今、中年は「老害」って言われているし、僕もたまに「老害」って名指しで言われることあるし、IT業界や面白い人たちは今みんな若い人たちだし、僕が「若い人に教えてあげる」って何か間違っていると思ったんです。

そしたら大熊さんが、「そんなことないです。年上の人が人間関係や社会のこと、マナーのことを教えなくなったから、社会に変な歪みができて、いろんな場所で軋轢《あつれき》が生じているんです。今こそ、上から押しつけるんじゃなくて、林さんの柔らかい文体で、こういうのもいいんじゃないでしょうかっていう原稿を書くと、若い人は読んでくれます」って言うんです。

そう言われてみれば、昔は先輩とか上司とか師匠とかに「飲食店で偉そうにするのは一番カッコ悪いよ」とか、「自分の大学のことや生まれのことを自慢するのはみっともないよ」とか、「こういう風に情報は足で集めた方がいいよ」とか、「結婚っていいものだよ」とか、まあそういうことをいつも口うるさく言われて、そのときは、ちょっとうるさいなあと思ったのですが、今となってはすごく人生に役立っているんです。

そういう「ちょっと口うるさくて面倒くさいおじさん」って今、パワハラって言われるのを恐れて、若い人を飲みに誘わないから、若い人に情報が伝わらず、いろんな場所でいろんな人が困っているのかもしれないと気づきました。

この本は、そんなcakesの連載で、僕が二三年間、夜の渋谷を眺めながら、「こういう大人になってほしいなあ」って感じながら書いた文章に、書き下ろし原稿を加えまとめた、「若いあなた」に読んでほしい本です。

もちろん「若いあなた」だけが対象ではなくて、おじさんにも女性にも役に立つ、バランスのいい内容にしました。

最近、みんな「大人になるのが遅い」って言われますよね。昔の日本人を見てたら、ほんと若いのに老成していて、しっかり自分を持っています。

僕も、気持ちはまだ四〇歳くらいです。たぶん、「いつまでも大人にならなくていい、大人になんてなりたくない」という感覚が、僕たちを「幼稚」にさせてしまっているんだと思います。自戒をこめて。

僕自身、こうして偉そうに書いてしまっているのですが、実現できていないことがいっぱいです。全然「大人の条件」を満たしてない、年齢ばっかりおじさんになってしまっている人間です。

僕も、もう一度自分の文章を読んで気を引き締めようと思っています。もしよければ、あなたも僕のこの本を読んでみて、一緒に「本当の大人って何なんだろう?」って考えませんか?

大人の条件　目次

第一章

人間関係、コミュニケーションについて

第二章

仕事と成功について

第三章

男女の関係、結婚について

第四章　マナーやふるまいについて

第五章

大人になるということ

第一章

人間関係、コミュニケーションについて

いつまでも同じ自慢をする人たち

大学時代の話をし続ける人

もう一〇年も二〇年も前のことなのに、ずっとずっと学生時代のことを話す人っていますよね。大学に入ったばかりのときに「入試で何点取った」とか「あの問題が難しかった」なんて話すのはわかります。出会ったばかりの友人と話すつい最近おきた共通の話題ですから。

でも、もういい年をしている人から僕とは関係のない大学のときの話を聞かされたりすると、なんだか小学生のときにかけっこで一番になった話を聞かされているみたいで、苦笑いしてしまいます。

どうして彼らはずっと大学の話をするんでしょうか。その彼らの大学は、おそらく「偏差値の低い大学」ではないですよね。たぶん有名大学でないと、そんな大学の話はしないはずです。申し訳ないのですが、結局その話って自慢話なんです。

ところで、みなさん自慢はしますよね。僕もするし、しないと思っている人もどこかで自慢話をしてしまっているものです。でも、問題はその内容なんです。

あるとき、自分の家系を何度も何度も自慢する方がいたんですね。「どうしてなんだろうなあ」ってずっと考えていたら、その人にとって自慢できることって家系だけなんじゃないかと気がつきました。その人、他のことが全然うまくいってないんです。だから唯一自慢できる家系についてついつい話してしまうんです。

例えば、フィギュアスケートの織田信成さんっていますよね。あの方すごい家系だと思うのですが、たぶんそんなこと自慢しないと思うんです。ネタにはすると思いますよ。だってみんなびっくりしますからね。でも、それで「どうだ俺はすごいぞ」ってことは思っていないと思うんです。というのは、彼はそれよりも「自分自身が努力して、オリンピック出場を果たしたフィギュアスケーター」だったことに自信があるはずだからです。

自慢に置かれたある「ライン」

自慢にはある「ライン」が存在します。大学を自慢する人は、それが彼にとって一番がんばったことか楽しかったことということラインなんです。それ以降はそこまでがんばらなかったか、がんばっても成果が出なかったから大学を自慢してしまうんです。あるいは、会社名を自慢する人もいます。例えば大手新聞社に入ったとして、その人が取材記事で賞を取ったとしましょう。そしたらその人は賞のことが自信になり、優れたジャーナリストとしての自分を自慢すると思うんです。決して新聞社の社員ということを自慢しないと思うんです。

同様に弁護士であることを自慢する人は「弁護士」という職業や資格がその人の最高ラインなんです。もう少しラインが上の人は弁護士としてどんな人たちを助けたか、どんな事件を扱ったかというのを自慢のネタにするはずなんです。他にも、ノーベル賞を取った人が「東大出身だ」とはまさか自慢しないですよね。ノーベル賞を取る研究がいかに難しかったかを話すことはあると思うのですが、東大の入試が難しかったという話はしないでしょう。

「出身地」を自慢する人もいますよね。東京出身、ニューヨーク生まれ、京都の一部の地域生まれ、まあいろいろとあると思いますが、もう言わなくてもわかりますね。出身地を自慢する人ってそれくらいしか自慢できることがないんです。それは切ないですね。

どうですか？　あなたも僕も、ついつい「何か」を自慢してしまうと思います。僕も自慢します。例えば僕はメディアで連載を持っていることや本を出していることを自慢してしまいます。もし僕がベストセラーを出してたり、本が映像化されてたり、賞を取ってたりしたらそちらを自慢すると思います。だから今自慢していることが僕の限界です。そうなんです。自慢するポイントは人の「限界」なんです。

あなたの限界はなんですか？　大学ですか。会社名ですか。役職ですか。それをもう少し上の方に持っていきたいと思いませんか？

漠然とした質問では盛り上がらない

取材のときにされたくない「漠然とした質問」

bar bossaは開店から二三年なんですが、毎年、年に四回くらいは取材を受けているので、もうかれこれ一〇〇回以上はいろんなメディアから取材を受けたことがあるんですね。

その取材のとき、ライターさんからいろんな質問を受けるわけですが、一つだけすごく気になるやめてほしい質問がありまして、それは「漠然とした質問」なんです。

うち文字通りボサノヴァのバーなのですが、「ボサノヴァのどういうところがいいですか？」ってしょっちゅう質問されるんですね。例えばあなたが「ロックのどういうところが好きですか？」とか「クラシックのどういうところが好きですか？」って質問されて、うまくそれに答えられますか？　あるいは何か答えたとして、その答えが記事にうまく落とし込めると思いますか？

もちろん、ライターさんが「ここ、ボサノヴァのバーなんだよな。じゃあボサノヴァについて質問しなきゃ」と思っているのはわかります。でも、そんな質問をしたら、相手がどう困るか、その質問がどう展開するかっていうのを、想像できていないんです。

本当に優秀なライターの方は、「ボサノヴァのバーにしたことで、客層は想像していた通りになりましたか？」とか「どうしてジャズバーではなくてボサノヴァバーだったんですか？」みたいな具体的な質問を投げかけてくるんですね。そう言ってもらえると、こちらも「実は……」って答えやすいし、その僕の答えもたぶん文章になりやすいんです。

こういう漠然とした質問っていくつかパターンがありまして、「バーテンダーって何だと思いますか？」とか「林さんにとって渋谷って何ですか？」とか「このお店のこだわりって何ですか？」っていう紋切り型の質問である場合が多いんです。

本当に申し訳ないのですが、そういう質問を投げかける人って、「相手がどう感じるか」「相手が答えやすいか」「その質問がどういう風に新しい会話へと展開していくか」っていうのを想像できていなくて、どこかで耳にしたそれっぽい質問をなんとなく思いついて投げかけているだけなんです。

もしお店のこだわりを引き出したかったら、「こだわりは何?」って聞くよりも、「この料理、酸味とクミンが最初に感じられますね。どうしてですか?」とか「このカクテルはグラスが小さいんですね。どうしてですか?」とかって具体的なことを質問すれば、「それはこういうこだわりなんです」って答えられます。

質問って具体的であればあるほど答えやすいし、会話が新しい方向へと展開しやすいんです。

男女の会話を盛り上げる方法

ところで、僕、恋愛コラムみたいなのを書いているから、婚活をしている人たちから「会話が盛り上がらない」という悩みをよく聞くんですね。

例えば女性が、いろんな男性と会ってちょっと話してみると、「趣味は?」「旅行ですか。どこに行ったんですか? ハワイいいですよね」とか、「会社はどこにあるんですか?」「神保町ですか。あの辺り、いい定食屋が多いですよね」とかって感じで、会話はポンポンキャッチボールできているそうなのですが、どこかテンプレな感じで、全く盛り上がらないまま「それじゃあまた」ってなってしまうそうなんです。

これですね。例えば「仕事は何をしてるんですか？」って質問すると「SEです」とか「OLです」とかで終わってしまうんですね。だから「仕事は、タイムカードをガチャってやってから何をするんですか？」って質問するんですね。そしたら「林さん、うちタイムカードないです（笑）。商社なんですけど、私、中国からの漬け物担当なんですね。それで中国の工場からのメールをチェックするところから始まるんです」「え？　中国で日本の漬け物作ってるんですか？　たくあんとか？」「私はどっちかと言えば梅干しでして」って感じで、具体的に質問すれば、具体的な会話が展開するんです。

僕、初お昼デートは「動物園」、初お食事は「五〇代以上のスタッフがいる何でもない和食屋」っておすすめしています。理由は「小さい頃の話」が自然と出てくるからなんですね。

小さい頃の話って会話が「具体的」になるんです。「お味噌汁の具材って何でした？」とか「お母さんのおでんっておかずにならないから意味がわからなかったですよね」とかって会話が自然と出るんですね。

「サンタクロースは何歳まで信じていましたか？」とか「習い事はどういうの行かされてましたか？」みたいな具体的な質問が出てくると、「あなたにとって家族とは？」とか「子供ってどう思いますか？　日本の教育ってどうですか？」って感じの、漠然とした答えにくい質問より、もっと具体的でわかりやすい、その人の「心からこぼれてきた本音」が聞けるんです。

表面的な、プロフィールに書いてあるような情報を交換するだけの会話は退屈って感じてしまいますよね。その人の、もっともっとプライベートな深いところの体験話や、あるいはこんな夢や希望を持っているっていう話をお互いにできると、「今日は、あなたとすごくわかりあえたような気がする」と感じることができます。

いやほんと、世の中から「漠然とした質問」だけはなくなってほしくて。質問、もっと具体的な方がいいですよ。

「上か下か」を考える男

初対面でジャブを打ち合う男たち

ある男性が、僕が出したコンピレーションCDを見て、「林さん、ジャズも詳しいんですね」って仰ったんです。で、僕は「いえいえ。そんな詳しくないです。まあ好きなのを適当に聴いてるだけです」って答えたのですが、その男性は「マイルス（・デイビス）だとどの辺りを聞きますか？」って感じで、ジャズの話になったんですね。

ニュアンスが伝わるかわかりませんが、これって「林はジャズのことをどのくらい詳しいんだろう」って探っている雰囲気でして、「ああ、しまったなあ」と思いました。男性同士って、こんな風に趣味の話をしているように見せかけて、どっちが詳しいかという「ジャブ」を打ち合うんです。

これ、趣味だけじゃなくて、「どういうお仕事されてるんですか？」的な話をしながら、

「どっちが偉いか」とか「どっちの収入が上か」を探ったりしますし、どっちの学歴が上なのか、どっちのフォロワー数が上なのか、どっちの血筋が上なのかってことも探りあったりすることがあります。

この男性同士の「上か下か」の会話が僕どうも苦手で、「もうどっちが上でも下でもいいから、もっと楽しい話しましょうよ」って思っちゃうんですね。

心理カウンセラーの五百田《いおた》達成さんの有名な言葉で、「男は男を上か下かで見る。女は女を敵か味方かで見る」というのがあります。なるほどと思いました。確かに女性同士が初対面で、「どっちがジャズに詳しいか」とか「どっちがいい大学を出てるか」って争った話はあまり聞きません。ただ、女性同士は初対面のとき、「こういう男に媚びる女ムカつく」とか、「うわ、こういう女性、私をいじめるタイプ」とか、「この人仲良くなれそう」とかというのを気にしているような感じがします。

さて、僕はどうやら「女性脳」らしく、車や時計、コレクションにも全く興味がないし、地図が読めないんです。そして、そういう男性同士が争う「どっちが上か下か」ってどうも興味がないんです。そのかわりに、「相手が敵か味方か」っていうのをすごく気にしてしまいます。

一般的な男性脳を持った男性は「上か下か」と考えるので、自分が下であると感じると屈辱的に思ってしまうのが常ですよね。でも僕の場合、「敵か味方か」を考えてしまうので、相手が自分の味方ではないと感じたら、とにかく「味方になりたい、味方にしたい」って常に思ってしまうんです。

力で上に立つのではなく、味方を増やす

男性が「権力」を握ろうとするとき、「天下」を取ろうとするときって、「いろんな人間と戦って、勝ち進んで、上へと向かっていく。もうこれ以上自分より強い者がいないという状態になれば、それが天下」という感覚だと思うんです。

でも僕はとにかく「味方を増やそう」って思うので、もし僕が「天下を取る」としたら、こんなイメージなんです（ちなみに僕はこれっぽっちも天下を取ろうと思っていません。たとえ話です）。

僕の味方がたくさん増えていきますよね。世界中のほとんどが、僕の味方になると、

残った少数派の敵も「ああ、これまでだ」って降参するんです。で、僕がその少数派の敵に「じゃあ味方になってよ」って声をかけて、世界中が僕の味方になるというのが、僕の「天下を取る」というイメージです。

これはこれで問題もある考え方だと思いますが、常々男性社会で暮らしていて感じるのは、「誰かを力で屈服させて上に立つ」というスタイルで上り詰めていこうとすると、もちろん「恨み」を持たれることもあるだろうし、いつか「下」から同じ方法で自分も力で「屈服」させられることになるんじゃないかということです。

それよりも「味方になる、味方を増やす」と考えた方が、とりあえず恨みを持たれないし、「横への広がり」があります。どちらかで比較するなら、こちらの方がより平和で幸せになれるような気がします。

男性の「上になりたい」という気持ちより、女性の「味方を増やしたい」の考え方が広がってほしいと思いませんか。それが僕たちが生き残る方法のように思います。

過大評価している自分を見つめ直す

落語会で聞いた「噺家のうまさ」の話

バーでよく見かけるシーンで「合コンの反省会」というのがあります。だいたい女性三人組とか男性三人組とかで、「あの人、素敵だった」とか「あの子、絶対にオマエに気があるよ」とかって盛り上がったり、あるいは「割り勘っておかしいよね。男の人たちの方がすごく飲んでたし」とか「あの子たち、男のおごりだからってちょっと高いの頼みすぎだよね」とかって盛り下がったりする場合もあります。

さて、こういう法則があるのはご存知でしょうか？

合コンで相手の人たちのことを大したことないなあ、いまひとつだなあと感じたら、相手の人たちも同じように感じている。

同じような話でこういうパターンもあります。

婚活で結婚相談所のようなところに入会して、いろんな人を紹介されますよね。すると、「結婚相談所で紹介される相手って本当にいい人っていないもんだなあ。この中から選べって言われてもちょっと無理だなあ。どこかにもっといい人いないかなあ」なんて感じることがよくあるそうなんです。この場合も「紹介された相手も同じことを感じている場合がよくある」のだそうです。この現象、前からどうしてなんだろうとずっと気になっていましたが、ある話を聞いて疑問が氷解しました。

妻が落語にこっていた頃、僕も休日になるといろんな落語会に連れて行かれました。そんな落語会で、瀧川鯉八さんという方がまくらでこんな話をされていました。落語家の間でよく言われる定義があるそうなのですが、「この噺家、だいたい自分と同じくらいのうまさだなあ」と感じたら、その噺家は自分よりも数段もうまい人らしいんです。

さらに、「うわー、この噺家、すごくうまいなあ」と感じたら、その噺家ははるか雲の上のそうとううまい人だし、逆に「この噺家、下手だなあ」と感じたら、その噺家は自分と同じレベルだそうなんです。これ、なかなか厳しい話ですけど、わかりますよね。

合コンの反省会と結婚相談所の出会いを見つめ直すと……？

　ここで僕の話をしますと、以前、小説を書いてみようと思ったときに、いろんな作家の文体だけを意識しながらパラパラと読んでみたんですね。試しに椎名誠を久しぶりに読んでみたら、やっぱりすごくうまいんです。どうでもいいような日常の身近なことを書いていたかと思えば、それは椎名誠の世界観に慣れさせる導入口であって、その後一気に「わっ」っと物語に引き込むんです。

　この間も「青春小説みたいなの書けないかなあ」と思いながら、本屋でパラパラといろんな作家の本を見ていたら、佐藤多佳子が目に付きまして。「ああ、この人、読んだことないなあ」と思って『サマータイム』という処女作を読んだら、冒頭の抑制された文章がすばらしくて、「うわあ、うまいなあ」って感心してしまいました。こういう人たちは、先ほどの落語家の定義に当てはめると、「はるか雲の上のそうとううまい人」なんですよね。

　インターネット上にはたくさんの文章があふれていますよね。そんな中、「ああ、この人、なかなかやるなあ。まあ自分と同程度くらいかな」って感じることってあるんです。その人は「僕よりも数段うまい人」。さらに、本当にすいません、たまに「うーん、いいところあるんだけどなあ。荒削りだなあ。もう少しこなれてきたらうまくなるかなあ」なんてことを偉そうに僕は思ったりすることがあるんです（ほんと、上から目線で嫌な奴ですね）。その人は「僕と同じくらいのレベル」なんですよね。

いやはや、この「落語家の定義」、真理をついている感じがしませんか？　人間ってやっぱり自分を過大評価しているんですね。そうじゃなきゃこのつらい世界でやっていけないんでしょうね。でも、「本当は自分がどの程度のレベルなのか」っていうのも把握しておきたいと思いませんか？　そんなときはぜひ、この「落語家の定義」で自分の実力を見つめ直してみてください。

というわけで話を最初に戻しましょう。「合コンで相手をいまひとつと思った場合」と「お見合いでもっといい人いないの？　と思った場合」をこの「落語家の定義」に当てはめるとどうなるでしょう。

「合コンで出会う」ってことは、そこに参加している男女はどちらも、同じような階層に属しているはずです。だからお互い同じくらいのレベルになりがちなはずなのですが、同じレベルの人は自分より低く感じるから「なんか今日の相手、レベルが低いなあ」となってしまうのです。

結婚相談所の場合も同じです。普通、結婚相談所のスタッフは「二人はお似合いだろうなあ」と思って相手を紹介しています。同じレベルのはずなんです。でも、「同じくらいのレベルは自分より低い」と感じてしまうのです。

合コンとか結婚相談所にはいい出会いがないって言う人、結構多いですよね。それはこのあたりに原因があるのかもしれません。

「人間は、どうしても自分を過大評価する生き物である」という事実と向き合い、一度、自分の才能やレベルを「落語家の定義」でちゃんと把握してみて、出会った相手のことを考えてみてはいかがでしょうか。意外とあっさり恋人ができたり結婚が決まったりするかもしれませんよ。

嫉妬する人、嫉妬される人

嫉妬は自分の過大評価

たまにテレビとかで、女優に対して、「その若さはどうやって保っているんですか？」とかって質問することがありますよね。それに対して、その女優が「私、何にもしてないんです。ほんともう化粧水だけなんです」みたいなことを答えることってありますよね。

あれを見るたびに、うちの妻が「何、その質問。そんな質問に対してこの女優が本当のことを答えるわけないじゃない」っていつも言うんです。「私、この目尻の皺は整形外科で手術してのばしてます。エステももちろん、一回五万円もする薬を使って、ほぼ毎日通ってますよ。最近、美容整形はいいお医者さんが多いんです。なんて正直に言うわけないじゃない」なんだそうです。

確かにそうですよね。女優なんて美しさが仕事の一部なんだから、毎日とにかくすごく時間や経費をかけてメンテナンスしているはずですが、そう聞かれたら「私、何にもしてないんです」って答えるしかないですよね。

以前、精神科医の片田珠美さんの『嫉妬をとめられない人』という本を読んでいて、「なるほど、もう嫉妬はとめられないんだ」と納得したことがありました。ほんと世の中、「嫉妬」という感情はどうしようもないんです。あなたもしょっちゅう自分の心の中に嫉妬を感じてしまいますよね。僕もしょっちゅう感じています。

例えば、僕が連載しているウェブサイトのcakes、ご存じのようにランキングが毎回表示されるんですね。僕、もちろん上位の人に嫉妬してしまうんです。「ああ、この人、面白いなあ、すごいなあ」って、いつも嫉妬ばかりです。

ちなみに嫉妬って、自分と同等か自分より格下と思っている人が、自分よりいい評価を受けているときに出てくる感情なんですね。でも、「自分よりいい評価を受けている」ということは、普通に考えて、実力や能力は自分より上ということなんです。僕の方が自分を過大評価しているんです。

はい。嫉妬を感じているということは、すべて「自分を過大評価している」ということなんです。例えば、「あの男、自分より全然ブサイクなのにどうしてあんなにモテるの？」という嫉妬が出てきたとしますよね。まあ普通モテるということは、異性に受ける魅力がその人にはあるんです。嫉妬している人間より、そのモテる人間の方が魅力的なんです。でも、嫉妬している人は「あいつ、俺よりブサイクなのに」って、自分を過大評価しているというわけです。

これは男性も女性も一緒ですよね。嫉妬される側からしてみたら、「格下のあなたがどうして私のことを嫉妬するの？」って気持ちなんです。もしそんなこと言われたら、ますます嫉妬心がメラメラしてきますよね。嫉妬ってどうしようもないし、ここで「じゃあ自分もがんばろう」というモチベーションに転化できればいいのですが、できない人もたくさんいます。一生懸命引きずり落としてやろうとがんばる人もいれば、自分の権力を使って、上がってくるのを阻止する人もいます。

いやほんと、SNSの発達のおかげで、今まで表面化しなかった「嫉妬」と、あいつを引きずり落としてやろうという「醜い心」が、ネット上にうずまいていますよね。

嫉妬されないためにはどうすればいいか

さて、前述の本にはそういう風に「嫉妬されないようにするには、どうふるまえばいいのか」というのが書いてあるんです。

●弱い自分をさらけ出す

例えば、経済的に成功したり目立ったりするととにかく叩かれますよね。そんなときは、田舎者であるとか学歴がないとか実家が貧しかったとか、あるいは、引きこもりだったって宣言しておくと、あまり嫉妬されません。また、みんなが認める美人でも、結婚できないキャラを演じていると、これも嫉妬されないそうです。

●手柄は人にゆずる

これ難しいですが効果はあります。いいポジションになろうと思わないとか、僕たちライターという職業でいうと「メディアに出る機会」とかをそんなにガツガツ取りにいかないのも一つの手段です。メディアに出過ぎてもそんなに意味はないですからね。あるいは、必要のないチャンスは若い人にどんどん譲ってしまうというのも一つです。その方が嫉妬されないですよね。

●正当な努力をする

いわゆる「イチロースタイル」ですね。誰もイチローに嫉妬しないですよね。彼は努力に努力を重ねてあそこまでたどり着いたってみんなが知っています。正当な努力に対しては誰も嫉妬しません。

さて、最初の女優の話になります。「私、全然何にもしてないんです」ってもしかして逆効果のような気がしませんか？　「え？　何言ってんだよ」ってなりますよね。それだったら、「私、老けることが本当に怖くてすごく努力してるんです。若くて綺麗な人を見ると不安で、でもがんばります」の方が印象いいですよね。

そして、「どうしてあの女性がモテるの？」って嫉妬されたら、「私、昔モテなくてすごく努力したんです」って言いかえす方が嫉妬されない気がしませんか。

誰かに嫉妬するのは、自分がうまくいっていない証拠

ネットの匿名の書き込みとエアリプ

「匿名でネットに悪口を書かれていたら、書いた人は身近な人か関係者がほとんど」っていう説はご存じでしょうか。よく、「あいつ横領しているよ」とか「あのアイデア、実は前任者のパクリらしいよ」って感じのことを書かれたって話を聞きます。そういう場合みなさん口にするのが、「結構近いところにいないとわからない情報なのに」、って話です。

でもどうして身近な人や関係者が、ネットに書き込むのでしょうか。わざわざ、書き込みまでするってことは、かなりその対象者に腹が立っているわけですよね。でも逆に考えると、それは身近な人だからこそ、そこまで嫌いになって、「あいつを失墜させてや

ろう」って考えるんだと思います。

「エアリプのほとんどは、身近な人に向かって発信されたもの」っていう説もあります。エアリプをご存じない方に説明しますと、リプ＝リプライというのはTwitterの「@○○」を付けたツイートのことで、つまり直接本人へ向けて書いたメッセージですね。一方エアリプは、例えば誰かが僕のことを名指しせずに「飲食店の人間が恋愛について語るってダサいなあ」ってツイートすることです。これが僕へのエアリプなんです。

このツイート、外部の人は意味がよくわかんないけど、わかる人はわかるという「身近な人にはわかるツイート」でして、やっぱりエアリプは身近な人が対象なんです。

でもどうしてみんな「身近な人」が嫌いになるんでしょうね。思うにやっぱりみんな「自分と同じくらいの身分や出自や能力や環境のはずなのに、なぜかそいつだけうまくやっている」っていうのが嫌なんだと思います。

だって、遠いヨーロッパやアフリカで飲食店をやっている人が恋愛コラムを書いてても、わざわざ「ダサいなあ」なんてつぶやかないですよね。自分と近い、あるいは自分と同じくらいの能力と思っている人間が目立ってくると、なぜか嫌になってしまうんです。その嫌な感情を、「嫉妬」と呼びます。

先日、ある方に教えてもらった言葉です。

「誰かに嫉妬心を感じたら、自分がうまくいってない証拠だ」

これ、名言ですよね。

自分の仕事がうまくいってない、自分の恋愛がうまくいってない、自分の収入が落ちたってとき、なぜか他の人が羨ましくなって、「どうしてあいつばっかり」って思うんです。あるいは、うまくいってないと、どういうわけか、他の人もうまくいかないのを期待し始めます。

例えば僕の場合、bar bossaの売り上げが悪いと、ほんと友人や知人のお店の売り上げが気になります。友人や知人のお店が景気良さそうだと、「まあ、ああいうお店のやり方は好きじゃないな」っておもいっきり嫉妬しますし、逆に売り上げが落ちたなんて聞くと、本当にごめんなさいですが、ほっとしてしまうんです。ほんと、他店の売り上げが良くても悪くても、僕の収入には全く関係ないのに、どういうわけだか、他店が儲かっているとなんか面白くないし、景気良くないって言っていると、少し嬉しいんです。

もし嫉妬心が芽生えてしまったら

これが逆に、自分のお店がうまくいっているときは、そういう「嫉妬心」が生まれてこないんです。bar bossa、開店してから一〇年くらいはずっと大盛況だったのですが、その頃って、周りに儲かっているお店があると、「おお、がんばっているねえ！　一緒にがんばろう！」っていうすごく前向きな気持ちになれたんです。

さらに、周りの知人のお店で「最近、売り上げが良くなくて」とか聞くと、すごく心配して親身に相談にのったり、知っているメディアに紹介したり、いろいろとしました。

ほんと、嫉妬心って自分がうまくいっていると、まず出てこない感情なんです。

だから、本当は「へん、あいつなんて大したことないのに調子に乗りやがって」っていう嫉妬心を感じたら、僕たちがすべきことは、ネットに書き込んだり、エアリプをしたり、陰口を言ったりすることではないんです。そんな「マイナスな気持ち」を表明しても、誰も嬉しくないし、自分も含め誰も幸せになれません。

もし嫉妬心が自分の中に生まれてモヤモヤし始めたら、「自分の状況を良くすること」を最初に考えたらいいんです。例えば僕なら、「ええ？　あのお店、大したことないのにどうしていつも満席なの？　最近の人って味がわかってないんだよなあ」なんて気持ちがムクムクと湧いてきたとしますよね。そしたらそれは「自分の店を良い状況にしようよ」って気がつくチャンスなんです。自分の店が満席になれば、僕は「ええ？　あんな店が？」なんて思わないんです。

あなたも最近、誰かに「ええ？　どうしてあんな奴が？」なんて嫉妬したことありませんか？　それ、あなたの状況が良くない証拠ですよ。そしてその嫉妬心、自分の状況を良くしようと考え直す絶好のチャンスですよ！

人さえ人にとどまらない

バーにずっと来続けてくれる人

洋服屋さんでも美容院でも、居酒屋でもレストランでも、「お店をやっている人」にとって特有の悩みというのがあります。それは、「ずっと来ていたお客様が、ある日突然来なくなること」なんです。

基本的にどんなお店も、お客様はこの三種類にわかれます。

①SNSやメディアで話題になったり、近所に新しく開店したりして、ちょっと気になったから一回だけ行ってみる人

実はお店って、特に飲食店は、この一回だけのお客様がほとんどです。人によっては「すごくいいお店。最高。また行きたい！」って感じで写真を撮って、SNSにアップし

てくれるかもしれませんが、まあほとんどの方が二回目はないです。

特に東京のような大都市だと、新しいお店ってほんとたくさんあるので、順番に回っていくだけでも多くの時間とお金が必要です。二回目来るってめったにありません。

②すごく気に入って、何度か違う友達を連れていく人

お店ってこういう方たちで回っています。あるコミュニティの中でちょっとお洒落な人だったり、新しいお店の情報に早かったりするこの人たちに気に入ってもらえると、一〇倍、一〇〇倍とお客様の輪が増えていきます。でも、この方たちも「新しくて面白いお店」が出てきたら、そちらにごっそりと移ってしまいます。そしてお店を閉めるときに「あ、昔よく行ったなあ。潰れるんだ。残念!」とSNSで書いたりします。

③何かにはまってずっと通う、いわゆる常連の人

本当にありがとうございます。特にバーやスナック、カフェなんかの売り上げはこの方たちに支えられています。あなたの家の近所の「スナック　エリコ」のお客様はほとんどこの③です。

でも、ある日突然、この②と③の方が来なくなるんです。僕たちお店の人間は「どうしたんだろう？　そういえば先日、僕があんなこと言っちゃったから怒ってるのかな」って感じですごく気になります。

バーでもネットサービスでも入れ替わる人たち

僕、もうこのバーテンダーという仕事は二五年やってまして、まあ仕方ないんです。職場やお住まいが変わってしまって、たまたま来なくなっただけかもしれないし、結婚や出産で事情が変わったかもしれないし、あるいはやっぱり心配していたように「僕が言った何か」が気に障って来なくなったのかもしれません。

これは、どうしようもない。こちらから声をかけることもできません。お客様は戻ってこないっていうのが、お店の鉄則なんですね。ある意味、お店って「来るものは拒まず、去るものは追わず」でなきゃやっていけないんです。

聞くところによると、最近、一定期間の利用に対して代金を支払うサブスクリプションのサービスって流行しているようですね。あれの利用者の離脱率って一〇パーセントくらいらしいんです。実は僕もnoteというウェブサイトでサブスクをやってるのですが、確かに離脱率一〇パーセントなんです。

あるサブスクのサービスでは、二年の間に全員メンバーが入れ替わるという話を聞いたこともあります。確かに、どんどん離脱するし、新しいお客様を迎えるしかないし、毎回「どうして離脱するんだろう？　何が悪いんだろう？」って悩むけど、考えてもどうしようもないことだったりします。

bar bossaは二三年やっているのですが、お客様って変わり続けているんですね。開店当初は、いわゆる「アーリーアダプター」と呼ばれる、「新しいお洒落なお店大好き」な、業界っぽい人で賑わいました。

その後、僕がネットでレコード店を始めて、コンピCDを作ったり、音楽ライターみたいなことを始めたりした頃があったのですが、その頃は「音楽関係者中心」のお店でした。有名なミュージシャンもたくさん来ました。

今はもうインターネット関連の方ばかりなんですね。まあ時代がそうだというのもあるし、僕がネットで文章を発表しているからっていうのもあると思います。

ほんと、お客様って時代によって職業や層が変わっていくし、入れ替わっていきます。これに関しては、最近、「友達」も同じだなあと思っていまして。「ずっと同じ関係の、ずっとずっと友達」って人、めったにいませんよね。人生ってやっぱりステージが変わります。仕事の種類でも変わるし、結婚や出産でも変わるし、所属するコミュニティでも変わるし、夢中になっている趣味や好みでも変わります。

例えば僕のことを、「林、なんか変わってしまったな」って言っている人、いると思うんですね。そしてあなたのことを、「あいつ、なんか変わってしまったな」って言っている人もいますよね。仕方がないけど、人って変わるんです。ずーっと同じ場所にいて同じような考え方をしている人って、逆にすごく少ないです。

だから「付き合う友達」もどんどん変わっていきます。

そしてそれって当然のことだし、無理して昔の友達に合わせることもないです。だいたい友達なのに「合わせる」って失礼だと思いますし。

人の細胞って入れ替わっていくんですよね。それと同じように人も変わっていくし、友達も変わっていきます。

同窓会、つまんないって言うと、嫌な人って思われそうですよね。同期の飲み会ってもうやめたいって言うと、微妙ですよね。昔の友達の年賀状ってどうしてますか？　いつやめようかと悩んでませんか？　でも、それ普通です。

友達って変わります。それって当然だし普通のことだと思いませんか？

信頼関係を切り裂く悪魔の言葉

そういうことは教えてくれなくていいです

先日、ある方から、こんなことを言われました。

「林さんのことを批判している文章をネットで偶然見かけたんですけど、読んだら全然的外れなことが書かれてて……」

ええと、もちろんこの方は僕を擁護しようと思って言ってくれているのは重々承知なのですが、でも、「林さん、悪口を書かれてたよ」って教えてくれなくても結構です。

cakesのようなネットメディアで書いていると必ず叩いてくる人がいるので、いわゆるエゴサーチって一切やらないって決めているんです。でもたまにこのような形で教えてくれる人がいるんです。

本当にインターネットって「人間の醜い部分」があぶり出されますよね。というか、インターネットって「人間そのもの」のような気がします。誰かを否定する言葉、不倫を暴露して注目を集める記事、人種差別、成功している人たちへの揶揄、セックス、ダイエットや美容、お金持ちになる方法、未来への不安……インターネットが「闇」なのではなくて、人間の心が「闇」なんですよね、実は。

ところで以前、ある親しくしている人から、ことあるごとに「林さん、最近すごく悪口言われてますよ」って、教えてもらうことがあったんですね。それで、「え？　誰が言ってるんですか？」って聞いても、「いやいや、それはちょっと言えませんけど、まあそういうことは伝えておいた方がいいかなって思いまして」って感じではぐらかされるんです。

これ、人を落ち込ませるのにすごく効果的なんです。「え？　誰が僕の悪口を言ってるんだろう？　どんなことを言ってるんだろう？　たぶんあの人かなあ。ああ、たぶんあのことに関して言ってるんだろうなあ。あのとき、僕もちょっと調子乗りすぎてたからなあ、あれが不快なんだろうなあ」っていろいろ考えるんですね。

「誰か」と言っても共通の知人はそんなに多くないし、あの人とあの人は最近でもよくお店に来てくれてるから、最近見ないあの人かな、ってぐるぐる考えてしまいます。そして人って不思議なもので、「あの人」から嫌われているって感じたら、やっぱり最初は落ち込むのですが、しばらくすると、「そう言えば、前々からあの人のこと、イヤだったんだよなあ」って感じで、相手への敵対した気持ちが生まれてくるんです。

わかりますか？　「仲がいい、味方だ、友達だ」と信頼していた人に、実は裏で悪口を言われていることを知ると、人間ってすごく裏切られたような気持ちになります。そして「自分だって嫌いだよ」って気持ちがムクムクと湧き始めるんです。たぶん、そういう気持ちにならないと、自分がうまく保てないんです。そして最終的には「まあいいや。だったら言ってろ。こっちだって前からあいつなんてすごく嫌いだったし。いつか失敗しろ！」って感じで、完全に「敵として認定」してしまうんです。

それで、その人に「林さん、また悪口、言われてましたよ」って報告されるたびに、僕は気持ちがすさんで、「ああ、もう東京なんてイヤだなあ。疲れた。もうどこかに逃げたい」なんて感じるようになっていきました。

「悪口を言われているよ」は悪魔の言葉

それが、あるときのこと、その「僕の悪口を言ってる」と勝手に僕が思い込んでいた人が「久しぶり〜！」って感じで、いつものような笑顔で、来店したんですね。あれ？って思って、しばらく経ってまた例の人が僕の店に来て、「林さん、悪口、言われてますよ」って言ったときに、「それ、言ってる人、誰ですか？ 具体的にどんなことを言ってるんですか？ それ、本当ですか？」って問いつめたら、ごにょごにょ言って、それから僕の前からは消えてしまいました。

この件に関しては、学べることがすごくたくさんありました。まず不安に思ったり、疑問に感じたりしたら、そのままにはしておかないで、すぐに相手に連絡をして、ちゃんと「話し合うべき」ということ。そして、人は悪口を言われていると感じると、すぐに「敵認定してしまう」ということ。ネガティブな感情になったときのために、このことはちゃんと覚えておこうと思いました。

「悪口を言われているよ」って悪魔の言葉ですね。一つのコミュニティやグループを壊そうと考えたり、誰かを孤独な気持ちにさせようと思ったりしたら、「なんか最近、悪口を言われてるよ」とか、「最近、ちょっと評判良くないよ」とかって、優しいふりをして忠告するとものすごく効果があります。

前述の親しいと思っていた彼が、どうして僕に「林さん、悪口を言われているよ」って、いつも言いに来ていたのか、理由は未だによくわからないのですが、苦しい体験でした。

あなたは正義のつもりでも、相手の心は傷ついている

全人類がクソリプから逃れられない

以前、Twitterで、ある有名人がちょっとした生意気発言をしました。別に政治的に間違っているとか、犯罪を助長しているとか、その人の人格を疑うとかってほどでもなかったのですが、まあ有名なだけにちょっとした炎上騒ぎになっていたんですね。

そしたら、その「生意気発言ツイート」に対して、僕のある優しいことで有名な知人が、「そういう発言ってどうかと思います」みたいな返信をしていたんです。いわゆる「クソリプ」です。「あ、彼女でさえクソリプするなら、全人類がしてしまうだろうな」とそのとき納得しました。

今回は完全に、その有名人が悪者でして、ちょっと忠告してやらなきゃ、ここはガツ

ンと言っておかなきゃって感じで、ありとあらゆる人が正義感で叩いていたんですね。

でも実はその有名人、僕と共通の知人がいて、そのときひどく落ち込んでいたのを後で知人経由で知りました。そうなんです。こういう正義感で叩くという場合、ほとんどの人が「いい人」で、まさか自分の言葉が相手を傷つけているとは考えていないんです。

こういう「自分は傷つけている気持ちはないけど、実は他人をひどく傷つけている」という投稿、世の中にはたくさんあります。

例えば、あなたはかつて「このアーティストのアルバム、いつも好きなんだけど、今回の新譜はイマイチだな。こういう音使い、ダサいな」って感じのツイートってしたことないですか？　ブログとかで、ある音楽シーンのことを書いていて、「このボーカリストは歌は下手だけど」みたいなことって書いたことないですか？　あるいは「あの作品は駄作だったけど、今回のはまあ読めた方かな。絵もうまくなってきた」って感じでマンガや小説について書いたことないですか？

僕、たくさん本を出しているのですが、そういう感じで僕の文章とか才能とかセンスについて、ズタズタに悪くコメントされることって、当たり前ですがたまにあるんですね。もう、とにかく落ち込むんです。

漫画家も作家もシェフも、わかっているけど傷つくんです

bar bossaにはミュージシャンや作家の方がいらっしゃることが多いのですが、みなさんほとんどが、先ほどのような自分の作品や才能への悪い意見を見て、「林さん、どう思う？ そんなに俺のあの作品ダメ？」って感じで憤ってます。

例えば、飲食店評価サイトなんかで、「この料理はセンスを感じなかったな。あと、いまどきあの器はダサい」とかって書いたことってないですか？ あるいはTwitterとかで、「評判のあのカフェ行ってきたけど、普通だった。あの接客どうかなって思ったけどね」とかって書いたことないですか？

その飲食店のスタッフやシェフやオーナー、すごく落ち込んでます。もうその日、お店の仕事が終わった後みんなで飲みに行って、「あの投稿した奴、どういうつもりなんだろう。俺の料理のセンスってそんなに悪い？」って感じで、すごく話し合っています。

そうなんです。感想のつもりで、なんとなく投稿された言葉に、すごくお店側の人は

傷ついています。僕は同業者からしょっちゅう聞くのですが、もうはらわたが煮えくり返っちゃっている人が多いです。

でも、もちろんそれらの言葉を投稿した人は、そんな風に誰かを傷つけようとは思っていないですよね。お金を払ってライブを見たり、本を買ったり、食事をしたりした上での「感想」だから、そういう発言、当然と思っていますよね。まさかその言葉が、アーティストやシェフを傷つけているとは思っていないですよね。

それは僕もわかっているんです。アーティストやシェフもわかっているんです。でも、正直、いちいち全部傷つきます。「こいつ呪ってやる」なんて言ってる人も多いです。

インターネットでの誹謗中傷が話題になっていますが、僕はほとんどの場合が「自分の言葉が、まさか誰かを傷つけているとは思ってもいない」というところだと思うんですね。というか、正直、僕も「この作品はイマイチだった」とかって、ブログなどで書いたりすることってあります。ほんとみんなが、誰かの心を傷つけています。

だから、そういう投稿に傷つきたくなければ、「インターネットは見ない」とか、せめて「エゴサーチはしない」とかが賢明だと思います。

また、noteのCXO深津貴之さんが「記事を一〇〇円にするだけで、炎上よけになる」ということを書いていまして、ほんとその通りだと思います。僕も今、noteは一本一〇円、一ヶ月三〇本三〇〇円という設定にし「鍵をかける」ことで、すごく平和な心を保てるようになりました。

無料で「悪意ある人がアクセスできる」っていうのが、構造上良くないのかもしれません。有料で「鍵をかける」って有効です。

もちろん、あなたが、何かの作品を「つまらなかった」とか、どこかで食べた料理を「まずかった」とかって書くの、当然で普通の行為です。もう今まで通りどんどんやってください。誰もあなたの意見や感想は取り締まれないです。それを取り締まる社会こそ間違っています。でも、「書かれた方はすごく傷ついている」っていうのは知っていただきたいなと思います。

どんな言葉でも、意図せず誰かを傷つけることってあります。言葉ってすごく難しいです。

ネガティブはうつる

人の悪口を言う人は、人に告げ口する

今でもずっと後悔していることがあります。ある方が、共通の知人のAさんのことを面白おかしく語りながら、でも実は悪口を言い始めたんですね。僕はバーテンダーという職業をしているので、どうしても会話がイエスマンになってしまうんです。例えば、「あのレストラン、味が落ちたねえ」って言われると、「そんなことないですよ」とは言わずに、「そうなんですね」って感じで話を合わせてしまうんです。

そのときもついつい悪口にのっかってしまって、一緒になってAさんを揶揄するようなことを言ってしまったんです。そしたらその方、どういうわけかその人のところに行って、「bar bossaの林がこんな悪口を言ってた」って告げ口したんです。

Aさんはすごく怒って、bar bossaに抗議の電話をかけてきました。その人のことを僕

は決して嫌いではなく、むしろうまくやっていたのに、Aさんの周りのたくさんの人たちからも、「bar bossaの林はひどい奴だ」と思われることになりました。

荻原魚雷の『閑な読書人』という本を読んでいたら興味深いことが書いてありました。元プロ野球選手の松井秀喜って、一度も人前で悪口を言ったことがないそうなんです。中学二年のとき、父親と「人の悪口を言わない」と約束し、それを守り続けているそうです。ちょっと驚きじゃないですか?

ご自身の中学二年の頃のことを思い出していただけますでしょうか。悪口、言ってしまいますよね。先生のこと、気に入らないクラスのあいつのこと、まあ中学二年じゃなくても、とにかく悪口って言ってしまいます。

悪口って、自己正当化になることもあるし、一緒に言うことによって「連帯感」みたいなものもできるし、まあとにかく、言ってしまうのが普通だし、逆に言わずに生活するってかなり大変だと思うんです。

でも松井秀喜は一度そう決めたら、ずっと守り続けました。そして、そんな彼の座右の銘はこういうものだそうです。

心が変われば　行動が変わる
行動が変われば　習慣が変わる
習慣が変われば　人格が変わる
人格が変われば　運命が変わる

ちなみにこれには諸説あり、最後に「運命が変われば　人生が変わる」という一行がつくこともあるそうで、元はヒンドゥー教の言葉なんだそうです。

僕は、最初に書いたその方を傷つける一件があってから、そうかあ、僕も人の悪口を言うのやめてみよう、と決めました。実を言うと、心の中ではしょっちゅう、「あいつ、最低！」って思っているし、妻にはちょっと愚痴っぽく話すことはあるのですが、でもたぶん、いわゆる「悪口」ってもう言っていないはずです。

ネガティブはうつるし、ポジティブもうつる

「デブはうつる」という説、ご存知ですか？　太っている人とずっと一緒に行動していると、元々痩せていた人もなぜか太ってしまうという説です。これ、理由は単純ですよね。太っている人は太るような食生活だったり、できる限り運動や歩くのを避ける習慣があったりするので、一緒にいると同じように太ってしまうというわけです。

これと同じ現象で、「ネガティブはうつる」というのもあります。誰かの悪口ばっかり言ったり、世の中の悪い面ばかり見つけては「あれはダメだ。だからダメなんだ」って批判ばっかりする人っていますよね。そういう人とずっと一緒にいると、やっぱりネガティブがうつるんです。

「うんうん、そうだよね。あいつはわかってないよね」とか「やっぱり世の中が悪いよね」とか「あれって駄作だね」って感じで、いつの間にかネガティブなことばっかり言うようになるんです。僕のAさんの件と同じですね。それって実は、自分がネガティブ思考になってしまうというよりも、自分の中のドロドロとした元からあったネガティブな部分が引き出されるからなんです。

そうなんです。どんな人にもネガティブな面とポジティブな面ってあるはずです。どちらに思われるかは、人前で口にするかしないかによるんです。

さらに言うと、このネガティブな人たちってこういうパターンもありがちなんです。例えば、僕にAさんの悪口を言いますよね。そしたら、だいたいAさんのところに行っても、僕の悪口を言ってるんです。なんかもう、どこに行っても誰かの悪口があふれてくるというパターンなんです。

逆に、ポジティブもうつるんです。起業する人の周りには起業する人って多いですよね。笑ってる人の周りには、当たり前ですけど、同じ場所で笑っている人がいるんです。例えば、僕に対してある人をほめちぎるとしますよね。そういう人は、その人のところに行っても、僕のことをほめちぎっているんです。いや、ほんと、ポジティブ思考ってうつって、自分の中の「前向きな考え方」が引き出されてくるんです。

心が変われば、人生が変わるそうですよ。もしポジティブに生きたいのなら、ネガティブな人たちよりも、ポジティブな考え方の人たちと付き合った方がいいと思いますよ。

人のロマンティシズムを笑うな

どうしても許せないこと

僕、めったに怒らないんですね。別に性格が穏やかというわけではないのですが、キレるのってちょっとみっともないと思っているし、何かあっても「まあ世の中そういうこともあるだろうしな」って考えるようにしているんです。

それでも、こういうケースは必ず怒ってしまうんです。

例えばテレビ番組で、リポーターが扉を開けて、ある食堂に入ります。その食堂のご主人が大の星座好きなんですね。壁も天井もちょっとプラネタリウム風になっていて、でも素人が作っているからちょっとB級で、さらにメニューにも星座の名前がついているんです。

それでリポーターがそのお店のご主人に、「どれだけ星座が好きなのか」とか「どういうきっかけで星座を好きになったのか」っていうのを質問しますよね。そしたらそのご主人、うっとりして星座について熱く語りだすんです。星座がいかに素晴らしいかっていうのを語ります。それが熱すぎて、ちょっとリポーターがひいてしまったりするんですね。

それで、リポーターが「この織姫様定食っていうのはどういうものなんですか？」なんて質問すると、ご主人がその織姫様定食を作って出すんですね。そしたら、二人の感覚がズレていて、リポーターが「これ、どこが織姫様なんですか！」とかって突っ込んで、テレビの雛壇のタレントたちが大笑いするんです。

そこからはずっとそのご主人の「ズレ具合」を笑おうという雰囲気になって、そのお店の壁にかかっているものとか、ご主人が大切にしている星座グッズとかを撮影して、テレビのテロップでバカにするんです。

僕、こういうのを見ると、すごく怒ってしまうんです。もう笑っているタレントたちのことはもちろん、この番組を作った人たちのことも含めて、こんなひどいテレビ番組をつくるなんてどういう精神構造だろう、ってなってしまうんです。

でも、思いませんか？　そのご主人、ただただひたすらロマンティストなだけなんです。もしかしたら、あまり友達とかをうまく作れるタイプじゃないのかもしれません。でも高校生のときに星座と出会って、夜の空をずっと眺めるのっていいなって思って、ずっと好きで、その星座の良さをみんなに伝えたいなって思って、食堂を始めたんです。

ちょっと世間からはズレていたとしても、素敵な人生ですよね。違う方向に目覚めてたら詩人やアーティストになってたかもしれなかったけど、彼は「食堂で自分の星座を表現する」っていうのを選んだんです。やっぱり素敵な人生ですよね。それを笑おうとする感じって僕、怒ってしまうんです。

理解できないものを笑う風潮

人には「ロマンティックなことを感じたり、それを表現しようとしたりする」っていう素晴らしい感覚がありますよね。恋とか夜とか星とか魔法とか運命とか、そういうのをぼんやり考えたりするのって素敵ですよね。

そういうのを頭から笑う人たちっているんです。おそらくそういった感覚がないんです。その「ロマンティックさ」っていうのが理解できないんです。そして人って理解できない場合、「笑ってやろう」とするんです。

世の中にそういうことってたくさんありまして、例えばダイニングバーで「恋人たちの夜」っていう名前の料理があったとしますよね。そういうのを笑おうとするんです。「俺たち、恋人たちじゃないんですけど、これ頼んでもいいんですか?」とかって突っ込んで、それを「面白いことを言った」って感じるんです。

あるいは「星降る夜」っていう名前のオリジナルカクテルがあったとしますよね。「星、降ってきちゃうんですか?」とかって笑うんです。またあるいは、誰かがちょっと「詩」っぽいことをSNSに書いたら、笑うんです。「これwww」とかって笑うんです。

そんな、人の詩情や人のロマンティシズムを笑うあの瞬間だけには、どうしても怒ってしまうんです。

でも逆にそういう人たちって、そういうちょっとズレた人が賞を取ったり、本を出したり、誰か有名な人に認められたりすると、「あれ、すごいよな」ってなるんです。要するに「わからない」から、そういう反応をしてしまうんです。

お願いだから、「誰かのロマンティック」がわからないのなら、そっとしておいてほしいんです。それを取り出して笑おうとするの、ちょっと違うと思いませんか。そして誰にも理解されないけど、一人でロマンティックな人生を送っている人、素敵だと思いませんか？

第二章

仕事と成功について

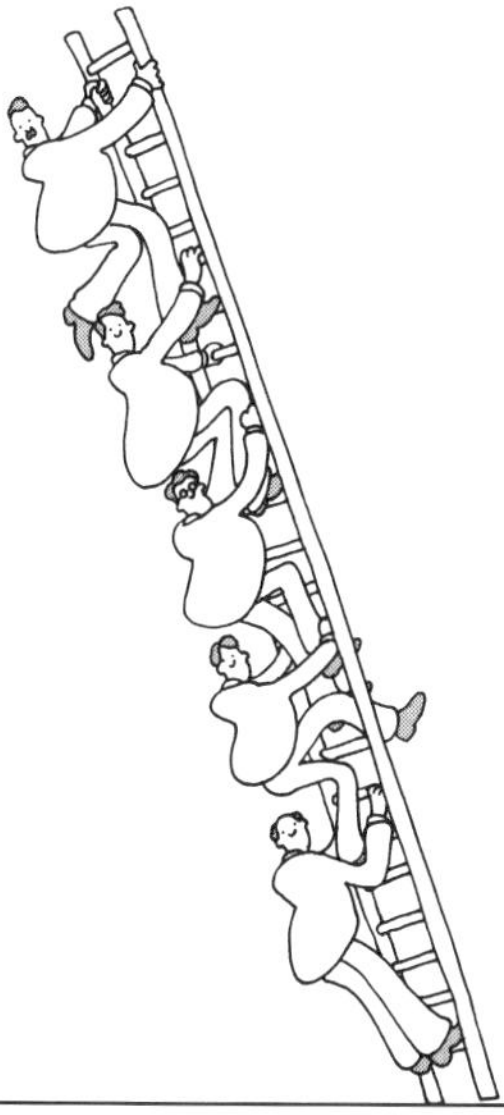

思い込みの強い人ほど成功する

成功者の秘訣をまとめると矛盾がおきる

以前、『なぜ、あの飲食店にお客が集まるのか』という本を作るときに、東京の成功している飲食店の経営者にたくさんインタビューをしました。

飲食店って、例えば三〇〇〇万円で開業してうまくいけば年収一〇〇〇万円こえるのってそんなに夢でもないんですね。日本の場合、海外のように物件を取得したりアルコール類を販売したりするのに面倒くさい許可は必要ないので、参入障壁が低くていろんな人たちが飲食店を始めるんです。だから「勝ち負け」がはっきりしていると言いますか、結構熾烈な争いなんです。

で、二〇人の経営者に「成功の秘訣は?」という話を聞いているのですが、みなさんそれぞれが全然違うんですね。例えば「お店はその街に住んでいる人たちの性格や所得をリサーチした方がいい」って言う人もいれば「いいお店をやればどんな場所でもお客さんは来てくれる」って言う人もいます。あるいは「一杯だけで長居する人」に対して、「回転数や客単価」をシビアに見る人もいれば、「まあお客さんはそれぞれだから」ってゆるく考えてリピート率を上げることを優先する人もいます。

みんないろいろと「成功の秘訣」を教えてくれるのですが、「これ」っていうのは存在しないと言いますか、みんなの意見をまとめると「矛盾」していたりするんです。成功例ばかりに注目し、失敗例を見過ごして判断してしまう、いわゆる「成功者バイアス」というやつですよね。例えば松下幸之助が言う通りに行動しても、スティーブ・ジョブズが言うように生きても、もちろんみんなが彼らのように成功するわけではないんです。当然ですよね。

でも、何か成功者には共通の意識があるような気がして、本を出した後にいろいろと考えてみました。そこでわかったのは、「成功した人は、自分の成功の法則をかたくなに信じている」ということです。

Aさんは「立地なんて関係ない」って信じていて、Bさんは「立地こそがすべて」って信じていて、どちらも自分の見つけた法則を信じているからこそうまくいくんです。それを信念と呼ぶとちょっとオカルトっぽいのですが、「これだ。これこそが成功の法則だ」って思い込んでいれば思い込んでいるほど成功するようなんです。

その思い込みって、例えば、「これからは肉ブームが終わって菜食が流行りそうな気がするなあ。アメリカで流行っているお店を参考にして、日本でもやってみようかな」っていうのだとうまくいかないんです。そうではなくて、「俺、野菜の本当の美味しさに気づいたんです。日本人って野菜本来の美味しさをまだ知らないんです。それを俺はみんなに知ってもらいたくて、菜食料理を始めたんです」っていうような、「強い思い込み」があるとうまくいくようなんです。

例えば、cakesの社長の加藤貞顕さんが、「インターネット上に無料のコンテンツばかりはびこるのは良くない。みんなが課金する方が良質なコンテンツが出てくる」と信じ込んで、cakesとnoteを始めたわけですよね。

そういう「俺がやらないで誰がやる」みたいな、「強い思い込み」があるとどうやら勝ち残るようなんです。

成功の秘訣はつまり思い込み

そして、これまた当たり前と言えば当たり前ですが、「それに対する愛情」が強ければ強いほど、「好きで好きで仕方ない」という人ほど勝ち残ります。これもどうしてかと言いますと、商売やビジネスをやっているときって、どうしても「うまくいかない」っていう時期があるんですね。収益とか人間関係とか、いろいろな面で。

でも「好きなこと」だったり、「好きなモノに囲まれている状態」だったりすると、そのつらい時期を乗り越えられるんです。例えば寿司屋やジャズ喫茶の経営者を取材すると、寿司やジャズが本気で好きなんですね。そしたら最初のうちに多少うまくいかなくても、好きだから耐えられるんです。

これがですね、そんなに好きじゃないけどビジネスの可能性を感じたから、っていう理由だと、うまくいってないときにその商品やサービスが嫌になってしまうようなんです。例えば「介護」をビジネスとして始めて、うまくいかない場合、「やっぱり嫌だなあ」ってやめてしまうそうなんです。もし学校をビジネスで始めるなら、「子供たちの成長を見るのが好きで好きでしょうがない」っていう気持ちじゃなきゃダメみたいです。

それでわかってきたことは、「成功する秘訣」って、要するに「思い込み」であって、実はそれって他の人から見ると「勘違い」だったりするんです。「いずれ世界から現金がなくなるから」とか「いずれ男女の出会いの場は全部スマホになるから」って感じの、「勝手な勘違い」を信じ込めば信じ込むほど、勝ち残れるっていうことがわかりました。

あなたはあなたのビジネスのどこを信じていますか？

誰でも見つかる自分の才能の探し方

本をたくさん読んだら文章が上手になる、は嘘？

小さい頃、「とにかく本を読みましょう。いい文章を書くには本を読むことが一番重要です」といったことを言われませんでしたか？　僕、両親が共働きで、小さい頃は両親の友人が勤めている図書館に何時間も預けられて、図書館中の本を読み尽くしてしまったり、母が絵本の会社に勤めていたので、小さい頃から絵本に囲まれてたり、本が身近にあったんです。だからいつの間にか文章を書くのが好きになって、文章を書くのを仕事にしたいな、なんて考えてたんですね。

でも、文章がうまい下手って本を読んだ数では決まらないんです。作家の燃え殻さんって本当に文章がうまいし、Twitterに書かれる一四〇文字は本当に天才的で、いつも「すごいなあ」って思うんですね。でも燃え殻さん、ほとんど本なんて読んでないそうなんです。村上春樹の小説も一冊も読んでないそうです。やっぱり読書、関係ないかもしれませんね。例えば数学と音楽とある種のスポーツって、遺伝で決まる要素がすごく大きいそうです。それを踏まえても、読書量だけで文章力が決まると考えるのは無理があるのかもしれません。

起業して成功した人や、何か作品を発表して成功した人たちに、「才能って何だと思いますか?」っていうのを、僕、カウンターでよく質問するんですね。ほとんどの人が「運とタイミングです」って言います。成功者が後でいろいろと成功した理由を語って、それが記事になったり本になったりしますが、「全く同じことをしても成功しない。運が良かったっていうのが大きい」って言ってます。

そして、その運を引き寄せるには、「何度も打席に立つしかない」ってみなさん言います。まあほとんどの人が一度起業して失敗したり、一度公募されている賞に小説を送って選ばれなかったりしたら、あきらめてしまうそうなんです。

そこでへこたれずに、「じゃあ次はどうしようかな?」「前のは何が悪かったのかな?」と考えて、何度も打席に立っていると、いつかヒットやホームランが出るというわけです。確かに「打席」と考えると納得ですよね。野球で打席に立てるのって一回だけじゃないですからね。三割打者で十分すごいんですから、何度も三振があって当然です。一試合にヒットが一本でもいい方かもしれません。

「才能がある」は「好き」ということ

一方で才能って「その人の性格」でもあるらしく、会社で指導役をしている人や、クリエイターに寄り添う編集者のような人に言わせると、「才能がある人はみんな素直に他人の意見を聞く」のだそうです。周りの人からの忠告を素直に「そうか。じゃあ試してみよう」っていう人が必ず伸びるそうです。要するに「柔軟性」でしょうか。

あるいは才能って、同じことに「ずっとずっとこだわれる力」っていうのも聞きます。ほとんどの人が途中で「もう疲れた。こんなもんでいいだろ」って感じで投げ出しちゃうらしいんですね。スポーツでも作品づくりでも仕事でも、「もういいか、このくらいにしとこ」って感じで終わるそうなんです。そこをいつまでもいつまでもくらいついて、こだわってこだわって、そのことに集中し続けられるのを「才能がある人」と言うらしいんです。

それって要するに、その人が「一番好きなこと」だからできるんですよね。まあみなさん、それぞれ「好きなこと」ってあると思うんです。例えばcakesの連載も「性愛」についての話ってよく読まれるんですが、本当にプロと言いますか、それが職業の人って、とにかく「エロ」が大好きで朝から晩までエロのことばっかり考えて、こだわってこだわって、いい作品を作ります。外国語学習とか、食べることとかも、本当に好きな人はのめり込んでいきますよね。ずっとずっと「そのことに集中していられる力」っていうのも、どうやら「才能」らしいんです。

そしてそういう才能って、どうやら誰にでも一つや二つはあるようでして、例えば先日ある方が、「会社で話が合わない人が三割、話が合う人が七割」って仰ったんです。その方、コミュニケーション能力が高くて、みんなに好かれるタイプなんです。でも「合わない人が三割」って言うので、僕はびっくりしました。というのも僕、「話が合わない人、苦手な人」って一〇〇人に一人くらいなんです。誰とでも楽しく話ができます。

自分は決してバーテンダーに向いていると思ってなかったのですが、それってもしかしたら才能かもしれませんよね。だって、誰かと楽しく話すのって、僕にとっては全く苦じゃないんです。ずっと続けられるんです。

オリンピックに出られるような才能ではない、でも意外と他の人にはない能力というのも、才能の一つのような気もします。とはいえ、才能が誰にでもあったとしても、みんなそれに気づかなかったり、うまく使わなかったりするようなんです。そして、自分の才能とは違うところに手を出してしまいます。

例えば、社交性がないのに接客をがんばっている人はいませんか？　他にも、外国語が嫌で嫌でどうしても覚えられない人いませんか。あきらめて自分が得意なことを探した方がいいです。好きなことが才能につながるのだから、好きなことを全部書き出して、そこから自分ができることを探してはいかがでしょうか。自分だけの「これ！」に気づいたら、そこだけを伸ばして、こだわって（好きだからこだわれますよね）、誰にも負けないっていうのが一番のようですね。

あなたにも才能、きっとあるはずです。

人の意見を受け入れる

イラストレーターさんに聞いた創作のコツ

いきなり親バカに聞こえるかもしれませんが、うちの娘、大学で油絵を専攻していたくらいなので、当然すごく絵がうまいんです。で、一度、娘に「イラストとか描いてみたら？　bar bossaのお客さんで仲のいい編集者の人に見てもらえるよ」って言ってみたんです。そしたら、「あのねえ、絵って見たままを描くのは簡単なんだけど、イラストって自分だけのスタイルを作らなきゃいけないからそんな簡単なものじゃないの」って叱られました。

この娘との話を、以前、イラストレーターの松尾たいこさんが来店したときにしました。松尾たいこさんの描く絵って、すごく独創的で彼女だけの独特の世界観を持っているんですよね。なので、「自分自身のオリジナルな絵ってどういう風に作り上げるものなんですか？」って質問してみました。松尾さんみたいな自分だけのスタイルを作りあげるのって、何か特別な才能がいるのだろうか、それとも他の人とは世界の見方や考え方が違っていて、ああいう幻想的な絵が自然と頭の中に降りてきたりするのだろうか、ととても興味があったんです。

するとこんな意外な答えが戻ってきました。

「私、すごく素直なんです。いろんな人に『こういう風に描いてみれば』って言われたら、素直に試してみるんです」

すごい話だと思いませんか？　我々がイメージするアーティストって、やっぱり自分の感性に自信やプライドがすごくあって、誰かに「こうしてみれば？」って言われてもそう簡単には変えないと思いますよね。実際、「こうしてみれば？」って誰かに言われたら「あなたに私の絵の何がわかっているのよ！」って怒ってしまうアーティストもたくさんいるのも事実なんだそうです。それを松尾さんは、「じゃあそうしてみようかな」って考えることができるそうなんです。

なんでそんなことができるのか、僕なりにちょっと考えてみました。

まず、「自分だけのやり方」に固執していると、やっぱり限界があるんですよね。自分の経験や知識の量、能力やひらめきなんてものはどれだけ天才だったとしても限界があります。最初はすごく独創的なものを書いていた作家でも、いつの間にか自分の作品のコピーみたいなものしか書けなくなるっていうのが普通です。

それって言いかえれば「自分の型」でもあります。別にアーティストじゃなくても、どんな仕事でも、ある程度固まった自分のやり方というのがあるはずです。それにある程度のマンネリや停滞感を感じていたとしても、周りの全く違う感性を持っている人から「こういう発想はどう?」って提案されたとき、簡単に受け入れられるでしょうか。

しかし冷静に考えてみると、それを試しに採用するだけで、作品の可能性が二倍以上に膨らむかもしれないのです。そしてそんな素直な人は「あの人の言った通りにしてみたら、すごく良くなった」って周りの人に言うので、ますます他の「別の感性を持った人」から、「こうしてみれば?」と提案されることでしょう。

もちろん松尾たいこさん自身に、元々とてつもない才能があったからだとは思いますが、「誰かの意見を素直に受け入れる」という「柔軟性」があったからこそ、あの独自の世界観を持った作品にたどり着けたんではないでしょうか。

初めての書籍のタイトルに感じたこと

以前、『バーのマスターはなぜネクタイをしているのか？』というタイトルの本を書いたのですが、その本が出る前に編集者をしている二〇年来の友人にこう言われました。「林くんは一冊目なんだから、とにかく本づくりに何も口出ししない方がいいよ。本って値段とかタイトルとか売り方とかが出版社の都合によっていろいろとあるから、そういうのわかってない素人の著者が口出しすればするほど、本ってダメになるから」

本を作るのは僕にとってもちろん初めての体験だし、その友人をとにかく信頼しているので、素直にそうしようと思い、全部編集者さんにお任せすることにしたんです。

目次や内容、デザインや写真なんかも全部お任せで、どんどん決まっていきました。そして最後に、『バーのマスターはなぜネクタイをしているのか？』というタイトルに決まったとき、正直なところ、「うわー、なんかそれ風の新書みたいだなあ」って思ったんです。僕としては「バーとワイン、夜」みたいな「ちょっと文学っぽい」のが好みなんだけどなあ、と思ったわけです。

だけどそのタイトルが、現場の書店員の方にすごく評判が良かったんです。お客様が「ついつい手に取ってしまう」そうなんです。発売後は「本、読みました」という方が日本全国から一ヶ月に二回くらい、bar bossaに来店してくれまして、買った理由を聞いてみると、ほぼ全員が「本屋で見かけてタイトルが気になったのでパラパラっとめくって読んだら面白そうだったから」と仰るんです。

村上春樹くらい有名だったら、どんなタイトルでもみなさん手に取ってくれると思うのですが、僕は全く無名なので、とにかく書店で手に取ってもらわなければいけません。結果的にそのタイトルは大正解だったというわけです。

そんな経験があってからは、「誰かの提案をまず素直に受け止める」って本当に大切なんだなあと思ったので、松尾さんの話を聞いたとき、「納得だなあ」と思いました。

ちょっと意味は違うかもしれませんが、最近「マウンティング」って言葉をよく聞きますよね。「相手より上に立つ」とか、「相手の話をひっくり返してなんぼ」みたいなシーンってよく見かけます。もったいないですよね。「素直に受け入れる」って、実はすごく「創造的な行為」なのではないかと思うのです。

やるやると言っていつまでもやらない人

「飲食店をやりたい」と相談に来る人たち

僕は『バーのマスターはなぜネクタイをしているのか？』と『バーのマスターは、「おかわり」をすすめない』という本を出しているせいか、よく「飲食店をやってみたいんです」という相談を受けるんですね。

そんなとき、具体的に売り上げと原価計算とか立地と家賃みたいな話をすると、「勉強になりました」とか「がんばります！」なんてその場では言われるんですが、その後どれだけ月日が流れても、「お店やりたいなあ」ってままの人っているんです。

あなたの周りにもいませんか？　いつまでも「転職したいなあ」って言いながら全くやめそうにない人、「俺、起業しようと思うんだよね」って言いながらしない人、あるいは、「会社をやめたい」と言いながらいつまでもフリーにならない人。

これ、どうしてなんだろうっていつも疑問なんですね。まあ正直に言えば「気が小さいだけ」と言いますか、「度胸がないだけ」なんて思っていたんです。だから、そういう「林さん、お店やりたいんですけど」って相談に来たのに、いつまでたってもやらない人に対しては、軽く「がんばればいいんじゃないですか」みたいに適当に合わせることにしてたんです。でもやっぱりいつまでも僕のところに来て「やりたいんですよ」って言うので、どうしてなのか考えてみたんです。

そうしたらわかったことがありました。彼らは「もし独立すればこういう風にうまくいく」っていう「可能性」が自分のアイデンティティになっているんです。もし本当に独立してしまったら失敗するかもしれないので、「うまくいくかもしれない」っていう可能性が崩れてしまうんですね。

だから、その可能性にしがみつきながら、年を取っても今度は、「あのときやってたらうまくいってたよな俺。でもあのときはいろいろとあって仕方なかったな。でもうまくいってたはずだな」っていう「過去の可能性」にまたしがみつくはずなんです。スタートラインの向こうには飛び出さないから、いつまでたっても「うまくいくかもという可能性」にしがみついていられるんです。

いつまでたっても告白できない人たち

で、これ、恋愛にも当てはまるなってある日気がついたんです。相手のことがすごく好きなのにいつまでたっても告白できない人っていますよね。告白しないと次に進めないのはわかっているのだけど、「片思い」の状況が心地よくて、ずっとそのままでとどまっちゃうんです。

何しろ告白してしまったらいろんなことが始まってしまいますからね。「失恋する」という可能性が一番怖いです。だったらこのまま告白しないで「もしこういう風に告白したらうまくいくかもしれない」って心の中で可能性を温めている方が心地よいんですね。

確かにビジネスに関しては、いつまでも飛び出さない方がいい場合もあります。だいたい、起業するとか独立するとかっていう人は可能性とかじゃなくて、「このコンセプトなら絶対にうまくいく。俺、大金持ちになる。今始めないと誰か他の人がやってしまう」っていう自信のようなものがあって始めるんですね。だから始められないのなら、たぶんいいアイデアやコンセプトじゃないんです。そんな状況で無理して独立なんてしない方がいいです。

でも「恋愛」は別なんです。告白するときは「片思い」だったとして、「僕、あなたのことが好きなんです」って伝えた瞬間に「ごめんなさい」って言われそうだと感じたとします。そしたらそこで「あ、大丈夫、まだ決めなくていいから、これから僕、とにかくあなたに好きになってもらえるようにがんばるから」って伝えてしまえばいいんです。

もちろん最初から「生理的に無理」なんて言われたケースはさっさとあきらめた方がいいです。いつまでもつきまとったらただのストーカーです。でも、「僕のことそんなに嫌ってわけじゃないなら、このまましばらく好きでいさせてください」なんて言えば、かなり気持ちは伝わります。人は誰かに好かれている状態って、そんなに嫌じゃないんです。

ええと、僕の経験を言いますと、僕は妻に付き合ってもらうために、そういう片思いの状態で一ヶ月間、毎日ラブレターを書きました。そこまでリスクを恐れずにがんばっている人は周りから応援されるし、告白された相手は熱意にほだされるんです。

恋愛に関しては「あの人とうまくいったかもしれないのになという可能性」だけで終わらせるのは間違いです。仕事と違って、可能性をアイデンティティにしてはいけません。それは恋している自分に酔っているのと同じことですよ。

本当に面白い情報の集め方

インターネットで情報を集めるのがおすすめできない理由

僕はこういう文章を、東日本大震災の後から、ほぼ毎日一本は書き続けているので、いろんな人から「よくネタが毎日続きますね。どういう風に情報を集めているんですか？」と聞かれます。そこで、こんな話を。

まず、インターネットで情報集めをするのはおすすめできません。インターネットの場合、どうしても「自分がフォローしているタイムライン」が世界の全てになってしまうので、一般的な感覚とズレてしまいます。そして、やっぱり二次情報、三次情報が多いし、ときには憶測や、嘘も多いです。僕の場合、インターネットは「情報を発信する場所」ととらえています。インターネットで「情報を集める」のは注意が必要です。

僕は妻とときどき、東京の街を一〇キロほど歩くというのをやっています。「品川の方って歩いていないからこの美術館をルートに交ぜて歩いてみようか」とか、「下町の方に最近面白いお店ができているみたいだから歩いてみようか」って感じで、だいたいあたりをつけて午前中から夕方まで歩きます。そして目に留まったカフェや雑貨屋や居酒屋に入って「こういうのが流行ってるんだね」って感じでチェックします。

あと、必ず数ヶ月に一回は「恵比寿と代官山と中目黒の三角地帯」をチェックすることにしています。谷根千も青山も銀座も神楽坂も下北沢も面白いですが、やっぱり一番面白い人やお店が見つかるのは「恵比寿・代官山・中目黒」です。街を回ってお店に入って、人と話すって一番生の情報が入ってきます。

本屋もよく行きます。本はインターネットで注文してしまうこともありますが、やっぱり情報が偏ります。たまに大きい新刊書店に行って、ゆっくり二時間くらいかけて、どんな作家、どんな本が売れているのかチェックするのは習慣にしています。

図書館もよく利用します。図書館には新刊書店では見ない高価な専門書がたくさんあります。僕はお酒や飲食の歴史を調べることもよくあるので、一〇冊くらい借りてきて、その中から面白そうなところを拾って、飲食店と街の歴史みたいな文章を書きます。

古本屋も図書館と同様に新刊書店では見ない本をたくさん見つけるのに適しています。僕がよく利用しているのはブックオフです。ピンク色の「婚活本、恋愛心理本、モテる本」という類のものを一〇～二〇冊くらい買ってきて、一週間くらいかけて斜め読みしてチェックして、原稿にいかすというのもよくやります。

自分の足を使って情報を集める

そしてもちろん僕は自分の店でお客様といろんな話をして、面白い情報をもらっています。渋谷で二三年間やっているバーという性質上、お客様はメディア、マスコミ関係、ミュージシャンや作家の方も多いです。そしてバーって、どうしても他の飲食店よりも金額が高いので、来てくださるお客様は仕事で成功している人が多くなって、例えば今だとＩＴ関連や起業している人なんかが多くなります。外国の方も、うちのバーを選んでくれる方は面白い仕事をしている人が多いです。

そういう方たちから教えてもらう、「今、すごく売れている商品」や「これから流行りそうなサービス」、「これから注目されそうなビジネスやアーティスト」なんかも貴重な情報です。今、うちのバーには毎月五〇〇人の方が来店してくれてまして、年間で六〇〇〇人、こういう文章を書き始めてから九年なので、これまでに約五万人の面白い方たちから毎晩のように、僕はいろんな面白い情報を教えてもらっているというわけです。

他にも恋愛の話や不倫の話、ネットで今話題になっている人の「実は公にされていない本当の情報や噂」なんかも毎日のようにたくさん聞けます。もちろん僕はそういう話は書かないですが、有名人たちが誰と喧嘩している、誰と付き合っているなんて感じの「街の裏情報」なんかも入ってきます。

申し訳ないですが、インターネットは誰でもアクセスできるから、どうしても大量の信憑性のない役に立たない情報が多くなってしまいます。だから自分で足を使って街を歩き、知らない人と話して信頼できる一次情報をもらうというのが、誰よりも面白い情報に近づく方法かなと思います。

横暴な人間はすべてを不幸にする

飲食店の店員を困らせる客たち

　僕がバーテンダー修行をしてた頃の話なので、二五年くらい前のことです。当時、近所の同業者の間では有名な困ったお客様で、お店に来ると「何か黒いカクテルを作って。ただし、カルーアは使わずに」って注文する方がいたんですね。僕はその人に会うことはなかったのですが、どういうカクテルをお出ししても「これは黒くない」って文句をつけてきたんだそうです。

　そういう注文をいただくと、真面目なバーテンダーであればあるほど「どうすればお客様に満足していただける黒いカクテルを出せるか」を考えてしまうのですが、そのお客様はそういう人たちをわざと困らせて、その様子を見て楽しんでいたそうなんです。本当に意味がわからないですよね。どうしてわざわざそんな風に人を困らせて喜ぶのか。

自分が働いていてよく思うのですが、飲食店にいらっしゃるお客様って、ほとんどがすごくいいお客様なんです。でも、本当にごくたまにこういう困った方がいて、「もうこの仕事やめようかな」って思わされる状況になってしまいます。

bar bossa開店当時、ちょっと忙しい日は妻もお店に出ていたんですね。そこに理不尽なことを仰るお客様が来て、僕はもうどうしようもなくて、「大変申し訳ありません」ってひたすら頭を下げ続けたことがあったんです。そのお客様が帰った後、妻が泣き始めて「あなたがあんな人に頭を下げなきゃいけないなら、こんな仕事したくない」って言い出したんです。妻はこういう「水商売」をやったことがなかったので、理不尽なことが起こり得るって知らなかったのでしょう。

それからは僕もいろいろと考えまして、「お店に合わない人はもう出入り禁止にしよう」と決めて、だいぶ接客が楽になりました。でも、これは僕が経営者で、個人店だからできることであって、それができない人もたくさんいますよね。お店に限らず、ありとあらゆるサービスをしている人で、そういう嫌な気持ちになったことのない人っていないのではないでしょうか。

「破壊的な言動」がある病院では医療ミスが起こりやすい

『Think CIVILITY「礼儀正しさ」こそ最強の生存戦略である』という書籍を読んでいたら、こんなことが書いてありました。フロリダ大学で行われた実験で、まず学生を二つのグループにわけて、一方には学生を貶《おとし》める発言をする人を見せます。もう一方のグループには見せません。さらに別の実験として、学生個人に対して見ず知らずの人が無礼な態度を取るという実験もしたそうです。

学生を貶める発言を聞いたグループは、そうでないグループに比べ、アナグラム（言葉遊び）のテストの結果が三三パーセントも悪くなり、創造的なアイデアが出づらくなったそうです。見ず知らずの人間に無礼な態度をとられた学生は、そうでない学生に比べ、アナグラムのテストの結果が六一パーセントも低下し、アイデアの数も半分以下になってしまいました。

要するに、誰かの無礼な態度に接したら、注意を奪われたり、心を乱されたりして、作業の能力も創造性も下がるというわけなんです。

これが医療現場の場合だと事態は深刻です。本の中では「破壊的な言動」と書かれていましたが、人を攻撃したり見下したり、侮辱したりするような言動を、医療現場の人間が受けていた場合、七一パーセントが何らかの医療ミスに結びついていたことがわかりました。その中の二七パーセントが、患者が死亡する事態になったそうです。医療現場だと人の命に関わるから、その分人に対して厳しくなることもありそうですが、過剰に厳しくなるとむしろ人の死に繋がってしまうようです。

あなたの職場はどうですか？　すごく横柄な態度をとって、理不尽なことを言ってくる人はいないですか？　やっぱり僕も経験ありますが、本当に心が壊されますよね。先ほどの数字でもわかるように、働いている人の作業の効率が下がるんです。創造性も下がるんです。

例えばお店の場合、マネージャーや店長、経営者の方にお聞きします。スタッフを守ってあげられてますか？　あなたが横暴なお客様と、大切な自分の店のスタッフの間に入って、文字通り「盾」になって、そんなお客様を追い返したりできていますか？　僕のnoteにもそういう「横暴な人への対応」についての質問がたまに来ますが、上の人が盾になって守ってあげないと、お店で働くスタッフが可哀そうです。スタッフの方、上司が守ってくれないお店はすぐにやめた方がいいです。

電車の駅のような不特定多数の人が利用する場所だと、たまにひどい光景を見かけますが、きっと駅員さんもすごく心が消耗しているはずですよね。最近はいろいろな駅に「暴力行為」に反対するポスターが貼られ、大きく「暴力行為は犯罪です」と書かれていたりします。それくらい大変な思いをされているんでしょうね。

電鉄会社の方は、電車を運転している方もいるわけですし、人の命を預かるということでは医療現場と状況は多少似ていますよね。横暴なことを言われて注意が散漫になって……なんてことも起こるかもしれません。

困っている店員さんや職員さんだけでなく、周りの人たちも横暴なふるまいを許さない社会の空気を作らなければいけないのかもしれませんね。

周りから慕われる人

一流になれる人と二流止まりの人の違い

いわゆる「成功者」と言われている人と接した経験がなくても、なんとなく想像できると思うのですが、「本物の成功者」であればあるほど、謙虚で物腰が柔らかい方が多いですよね。すごく偉そうにふるまったり、自分の権力や地位のことを言いがちだったりする人でちゃんと成功している人って、あまり見たことがありません。

これ、やっぱり謙虚な人の方が敵を作らないから成功しやすくて、横暴にふるまう人は煙たがられて上にはいけず、二流にとどまってしまうってことでしょうか。あるいは本当に成功する人は、権力とか地位のようなものを意識しているのではなくて、「世の中のためになりたい」とか「世界をより良い方向にしたい」といった別の動機で行動しているから、元から嫌な感じがないのでしょうか。そして二流な人たちは権力や地位にこだわっているから、事あるごとに権力を振りかざすのでしょうか。

渋谷という大都会の深夜のバーで接客しているといろんな方と接するので、どうしても「どうしてこの人は成功するんだろう」とか「どうしてこの人はここで終わりなんだろう」とか考えてしまいます。いろんな人が集まってきて、みんなに慕われ、手助けされて成功する、そういうタイプの「成功する人」の条件っていくつかあると思います。

まず、「生まれついてのオーラがある人」。これはもう、そう呼ぶしかないんです。起業して成功を手に入れてからそれっぽい雰囲気が出てくる人もいますが、本当のそういうオーラがある人は「いや、あの人は学生で若いときから何かしそうな雰囲気があったよ」って言われたりします。

あと、そういう人って「高い志がある人」だったりしますね。貧困地域の人たちに雇用の機会を作りたいと考えて動いている人とか、新しい発明で世の中をより良くしようと考えている人とか、お金とか地位が目的ではなくて、ただ夢を追いかけている人には自然と人が集まってきます。

こういう「成功する人」の条件って、なんとなく想像がつくと思うんです。でも、これから成功したい人にとっては、生まれついてのオーラや志の高さと言われても、ですよね。だから、それ以外の「成功する人」の条件も考えてみたいと思います。

人が集まってくるのはこういう人

ある有名な企業で働いていた人がいました。彼、すごく仕事ができて、大きい仕事をたくさんしていたんですが、ある日そこを辞めてフリーになったんです。そのときはその会社の人だけでなく、外の人たちからも「独立おめでとう！」なんて言われていました。でも、みんなその後はちょっとずつその彼とは連絡をとらなくなって、ちょっとずつ離れていって、彼、完全にその業界から消えてしまったそうなんです。今、どこで何をやっているのかもわからないそうです。

どうやら、みんなが彼と仕事をしていたのは、彼が所属していた組織の名前が大きかったからのようなんです。彼がすごく優秀だったのはみんな知ってたし、人付き合いも普通にやっていました。でも、みんな「フリーになった彼」とは働こうとはしませんでした。

この話が印象的で、どうしてなんだろうって僕はよく考えるんです。思うに、「ただ能力が高い人」という理由だけでは、人はあんまり集まってこないです。そもそも人って、「能力が高い人」をあまり好きじゃないんです。

僕が考える、周りに人が集まる人というのは、「誠実で大真面目で、でも不格好で、たまに失敗したりする人」です。そういう人にはみんな集まってきます。もう一度、言いたいのですが、「ただ能力が高い人」ってやっぱりみんなそんなに好きじゃないんです。というのは、一緒に仕事をしていてその能力が高い人に、自分のことを「こいつ能力が低いなあ」って判断されたくないからだと思うんです。

経験ないですか？　すごく能力が高い人に「おまえ、仕事できないなあ」って言われたり、そういう扱いを受けたりしたこと。経験がなくても、想像するだけで絶対に嫌ですよね。たぶん、そういうのが嫌だから、みんな「ただ能力が高い人」って好きじゃないんです。

で、能力が高くても、不格好で、たまに失敗をする人はみんな好きなんだと思います。これを僕は「岡村靖幸力」と呼んでまして。他にぴったりの人が思いつかないので、岡村靖幸を使っているのですが、岡村靖幸を知らない人は検索してみてください。

人に好かれて、みんなが集まってくる人は、誠実で大真面目で、でもちょっと不格好じゃなきゃダメなんだろうなって思います。で、能力があったのに業界から消えてしまったその彼は、能力が高いだけで、誠実さと不格好さがなかったのかなって思います（もちろん他にもいろいろと原因はあったと思いますが）。そしてそういう「不格好な姿を見せられる」って、やっぱり生まれつきと言いますかそれもまた「才能」なのかもしれません。

不格好な姿、見せられますか？　失敗した姿、見せてますか？　完璧だと人は慕ってくれないですよ。もし人が集まってくるような人になりたいなら、プライドを捨て、人からよく見られたいという意識を捨て、正直で誠実な人間を目指してみてはいかがでしょうか。

あなたは権力が欲しいですか？

「俺を誰だと思ってる」とキレる誰だかわからないおじさん

以前、電車に乗っていたら、六〇代くらいの男性と二〇代くらいの男性が、鞄がぶつかったとかそういったことで言い合いを始めました。それで若い方の男性が、「うるせえよ、このおやじ！」ってののしったんです。するとその六〇代くらいの男性が激怒した声でこう言い返しました。

「おまえは俺を誰だと思っているんだ！」

若い男性は、ポカーンとしてしまいました。もちろん、なんとなく様子をうかがっていた周りの僕を含めた乗客みんなもポカーンです。視線がその六〇代の男性の顔に集まります。

ジャケットは着ているけど、ネクタイはしていなくて、まあどこにでもいそうな普通のおじさんです。僕が知る限り、決して有名人ではありません。僕を含めたみんなが「え？　誰なの？」と思っているのが伝わってきます。若い男性も拍子抜けしたのか、なんとなく事態は収まってしまいました。

どうなんでしょう。誰だったんでしょうね。芸能人ではなさそうですが、大学の教授とか、有名な建築家とか、どこかの会社の役員とかだったりしたのでしょうか。その六〇代くらいの男性としては、「俺はものすごく偉い人間なんだぞ。この俺に向かって、その口の聞き方はなんだ！」って怒っていたのでしょう。

そのとき、僕が痛感したのはこれです。「ああ、こんな大人にだけはなってはいけないな」。当たり前ですが、どんな世界にもそれぞれ偉い人っているんですね。演劇界には演劇界の、卓球界には卓球界の、コーヒー業界にはコーヒー業界の、エンジニア業界にはエンジニア業界の、すごく偉い人っているんです。

もしかしたらそういう人は、そのテリトリーではみんなにちやほやされて、権力をふりかざして日々を送っているのかもしれません。でも、外に出たら、電車に乗ったら、「普通のおじさん」です。権力はそこでは通用しないんです。それでもその六〇代の男性は、通用するって思ったのでしょうね。

あなたは権力が欲しいですか？

ちょっと話は変わるのですが、雑誌『ＬＥＯＮ』のウェブサイトで、美人と言われている人たちにインタビューする連載をやっていて、そこでしょっちゅう耳にするのが、「この仕事をあげるから、デートしよう」とか「こういう金額にするからわかってるよね」とか言ってくる男性の話なんです。

いやもちろん、世の中ってそういうことってあるだろうな、と僕も想像はしていたのですが、思ったよりもたくさんの場所、たくさんの状況で、そういう決定権を持った男性が、弱い立場の女性に「提案」しているようなんです。軽い感じの提案なら、女性も「私、そういうのはお断りします」って言えるのですが、ひどい場合は「じゃあ、この仕事はなかったことで。困るんじゃないの？」なんて感じで脅してくる場合も多いようなんです。ほんと、世の中には悪い男性がいます。

それで気になって、周りの男性や女性に、「この件、どう思いますか？」みたいな感じで質問して回ったんですね。そしたらこんな意見が、たくさん返ってきました。

「権力を持ってしまった男性は、モテているって勘違いしている場合が多い。もちろん権力を持ってしまったら、いろんな人が近寄ってくるし、お願い事をされることも多くなるはず。それを自分がモテているって勝手に変換しているから、そのまま女性に『好き』とか『寝たい』って伝えているだけだと思います」

みんな仕事が欲しかったり、企画を通したかったりするから、どこかの業界で権力を持ったら、もちろん人は集まってきます。でもそれによって「自分が人気がある。自分がモテている」って勘違いしているそうなんです。だから彼らは当たり前のように、気に入った女性に、「今度、デートしませんか」とか、飲みに行った後で「ちょっとこの後、泊まっていかない？」みたいなことを言うのかもしれません。

でも、周りの女性としては、権力を行使されているわけで、「気を悪くされて企画が流れたらどうしよう」とかって心配になるのです。そういう状況が積もり積もって、セクハラ、パワハラと感じるようになるそうなんです。

もちろん、自分の権力を使って女性とセックスしようという確信犯もいるのですが、多くの場合、「自分が権力を行使して、女性にデートさせている」とは気づいていないようです。これ、どうしてなのかと調べてみると、人間って権力を持つと共感力がなくなる傾向があるという心理学の実験結果があることがわかりました。

権力を持ってしまうと、人の気持ちがわからなくなるんですね。そう考えてみれば、歴史の中でいろんな権力を持った人たちが残酷なことをやってきた理由もわかる気がします。

権力、あなたは欲しいですか？

僕は、決していい人ぶってるわけではなく、権力はいりません。だって、共感力がなくなるんですよ。人の気持ちがわからなくなるんです。そんなのって最悪な人生ですよね。

男は「お金」「セックス」「権力」に簡単に転ぶ

業界で人間性は変わってしまう

以前ある方から「いろんな業界の人と合コンしたけど、業界によって人種が全然違う」という話を聞きました。

本当にそうなんです。特に男性は「職業」で「性格」や「恋愛観」「金銭感覚」なんかが変わってしまうんです。

以前、バーテンダー修行をしていたバーで、ある団体さんがみんな「おい。ウイスキーの水割り、遅いぞ。早く持ってきなさい」とか「こっちのお皿空いてるぞ。下げなさい」とかって感じの注文をしてくることがありました。

服装はスーツの人もいれば上下ジャージの人もいます。ガラが悪い印象はなく知的な感じもします。すると先輩のバーテンダーから「あの人たち、教師なんだよ。あの命令言葉、いちいち気にしなくていいから」と教えてもらいました。

そうなんです。教師という仕事は毎日ずっと「○○しなさい」と言い続けているから、ついつい酒場でも「若い雰囲気の僕たち」に、そういう言葉遣いをしてしまうんです。

こういう話は父親が警官だという人からも聞いたことがあります。とても正義感が強いお父さんだそうで、勤務中じゃなくても、街中で歩きタバコの人を叱ったり、家庭でも小言がすごく多かったりするそうです。警官をずっとやってると、そういう感覚になるのかもしれないですね。

学生のときの友人が、ある寒い雨の夜、bar bossaの閉店時間を見計らって来店して、突然こう言いました。

「林くん、今から風俗に行かなきゃいけないんだけど、林くんの分も会社の経費で払うから一緒に行かない?」

聞くと、接待でお客さんを風俗に案内するのも、彼の営業職の仕事の一部だそうなんですね。で、そういうときに店で一番可愛いい女の子を優先的に紹介してもらうために、雨で寒い風俗店がヒマそうな日に、顔を出してお金を使っておかなきゃいけないそうなんです。

その話を聞いてついつい「その仕事大丈夫?」って言ってしまいました。その友人も「やっぱりおかしいよね。これが仕事って俺、何か間違ってるよね」って答え、その日は久しぶりに二人ですごく安い居酒屋にお互いのポケットマネーで飲みに行きました。

あるいはこういう友人もいました。あるテレビ局に勤めることになったのですが、自分の父親くらいの年齢の男性から「うちのタレントを使ってください」という営業をしかけられるのがとてもつらいそうなんです。

もちろん「そのタレント今から呼びますから、一緒に飲みましょうよ」ということも言われるし、もうとにかく手厚く王様のような扱いをしてくれるし、「林くん、この仕事ずっと続けると、俺、いつか絶対に勘違いして天狗になってしまうから、『変だな』って気づいたら、絶対に注意してね」と言われました。

理想と現実の違いが、あなたが変わってしまった部分

そうなんです。男性って本当に、職場の環境や仕事で持っている権限で、人間性が変わってしまうんです。

先にあげた営業職の友人のように女性観が変わってしまう男性はすごく多いです。学生のときにはすごくピュアな恋愛をしていたのに、風俗やキャバクラに行くのが仕事みたいになってしまうと、本当に女性観が変わってしまいます。特に会社の経費で飲めるというような立場になってしまうと、「女って結局は金だろ」みたいになってしまうし、「女の子とどれだけ寝たか」ということに価値を感じ、数に走ってしまう男性もいます。

本当に男性って「お金」と「セックス」と「権力」には簡単に転んでしまうんです。どうして男性がそうなってしまうのか。軍隊のような状況を想像していただくとわかりやすいかもしれません。男性の職場は軍隊のように「一つの価値観で、みんながその目標に向かって進んでいく」のを良しとします。以前は潔癖でピュアな心を持っていた男性も、染まってしまうんです。

「業界」で人が変わるというのは本当に正しいです。自分がどんな人間になりたいのかをしっかりと考えて、業界を選ぶことが大切です。

結婚相手を選ぶとき、あるいはこれから就職しようと考えるとき、「あの業界は華やかそうだな」とか「あの業界は真面目そうだな」という外から見た印象で決めてしまうのは間違いかもしれません。いろんな人と会って、実際はどのような業界なのかを知った方がいいと思います。


そしてみなさん、学生時代のことを思い出してください。学生の頃のあなたが、今のあなたに会ったとして、「いい人生」を送っていると感じると思いますか？　学生の頃のあなたに「俺、いいところに就職して、いい職場の仲間がいっぱいいるよ」って自信を持って言えますか？　その時の理想と現実の違いが、あなたが変わってしまった部分なのかもしれません。

たまには「職場以外の人」と会って飲んだり話したりしましょう。かなり考え方、変わると思いますよ。

「営業」って実はすごい仕事

クリエイティブの仕事は特別だと思ってないですか？

うちの店は渋谷のバーなので、お客様はマスコミ関係の人が一番多いんですね。最近はウェブのコンテンツを作っている方が多いです。ＮＨＫが近いので、今も映像関係の方もいらっしゃいますし、お店のコンセプトがボサノヴァなので音楽関係者も多く、開店当初から今までずっと来てくださっているのは広告代理店の方でしょうか。

ところで、最近僕の甥っ子が「広告代理店の営業の仕事をやりたい」って言ってたんですね。その子としては「チームを組んで、みんなで力を合わせて、交渉したり仕事を取ってきたりするのが自分に向いている」って感じているそうなんです。

でも、広告代理店の営業って、すごく大変なんじゃないのかなあって思いますよね。僕は、bar bossaで飲んでる代理店の人たちが、かかってきた電話で頭を下げてたり、突然、真夜中に呼ばれたりっていうのを見ているので、つい叔父として「大変そうだよ」って言いたくなるんです。

もしどうしても広告の仕事をやりたいんだったら、営業よりもクリエイティブの方が自分だけにしかできない仕事ができるし、やりがいもあるんじゃないかなって思うんですね。付き合いの飲み会とかも少なそうです。

そんな話を、広告の仕事をしている友人に聞いてみたんです。そしたらこういう返事が戻ってきました。

「あ、林さん、広告の営業の仕事って、数字を取ってくるだけで、誰でもできる仕事だと思ってませんか？　それに比べて、クリエイティブの仕事は特別で、その人にしかできなくて、他の人が代わりにならない仕事だと思ってますよね」

うーん、代わりがきくとまでは思いませんが、クリエイティブって「才能」とか「創造性」みたいなものが重要そうに感じますよね。そんな感じで答えると、友人はこう言いました。

「違うんですよ。実は現場の感覚だと、クリエイターって代わりがいくらでもいるんです。新しくて面白いクリエイターって自然に出てくるんです。新しいタレントや女優って毎年たくさん出てきますよね。あれと同じで、常に新しいクリエイターって生まれてきます。しかも今ってインターネットがあるから、面白いクリエイターって探したらたくさんみつかります。そしてもう一つ大事なことがあって、クリエイターって『今が一番旬』とか『この人の作風はもう古い』って考えに追われているんです。広告って常に新しくて面白いことをやっていかなきゃいけないから、クリエイターも新しい人が求められてしまうんです」

言われてみれば確かにその通りです。若手の女優さんを見て「わーこんな可愛い子が出てきたんだ」って半年に一回くらい思っている気がします。それくらい次から次へと出てきてるってことなんですね。それと最近ではネットから有名になったミュージシャンの話もよく聞きます。

でも、広告業界の人じゃなくても知ってるくらいすごいクリエイターっていますよね。「もちろん『どうしてもこの人じゃなきゃダメ』っていうクリエイターもいますよ。でもそれはすごく少数なんです。それに比べて営業って『この会社やこの案件はこの人じゃなきゃダメ』ってことがすごく多いんです」

これも納得です。うちの店に出入りしている業者さんでも、「この人が勧めるから」っていう理由で、新商品や新しい素材を入れてしまうことがあります。

やっぱり人は人で動く

友人によると広告業界の営業の方って、広告主の人たちにこう思われる必要があるそうなんです。

①あの人にお願いしておけばきちんと確実にやってくれるから安心

②あの人は弊社のことを一番に考えてくれて、とにかく一番いい条件を持ってきてくれるから他と比べなくていい

③あの人はお金のことと納期だけは本当にきちっとしているから、まず変なことにはならないから任せてもいい

④あの人は困ったときに一晩中走っていろんなところに頭を下げてくれた。本当にお世話になったから絶対に裏切ることはできない

こう思われることって、広告業界じゃなくても本当に大切ですよね。これだけ思われればかなり優秀な人のはずです。結局は「この人は人間として信頼できる」とか「この人は変なことは絶対にしない」とか、そういうことが人が誰かにお願いしたり発注したりする一番の理由なんだと思います。

で、一番大事なのは、そういう人間関係って、「旬」とか「もう古い」ってことがないってことなんです。一度良い人間関係が構築できたらずっとその関係を続けていけます。結局人がお金を払ったり動いたりするのは、相手がどれだけ信頼できるか、どれだけ誠実なのか、今までどれだけ自分に利益を与えてくれたかっていうことの積み重ねなんです。

この話の最後に、友人はこう付け加えました。

「やっぱり人って人で動くんです。『この人は信頼できる』で動くんです。誰かに『この人は信頼できる』って思われるのってほんと簡単じゃない。それってすごい能力だし、営業って重要ですごく面白い仕事なんです」

どうしても僕たちはクリエイターにあこがれて、どこかでクリエイターがすごいって思いがちですよね。もちろんクリエイターはすごいですが、営業の人のすごさをちゃんと考えてこなかったなと思いました。考えてみれば僕も「お酒とお客様」を繋ぐ営業マンとしてバーに立っているわけで、「この人なら信頼できる」って思われなきゃな、そういう心持ちでいたいなと思いました。

第三章
男女の関係、結婚について

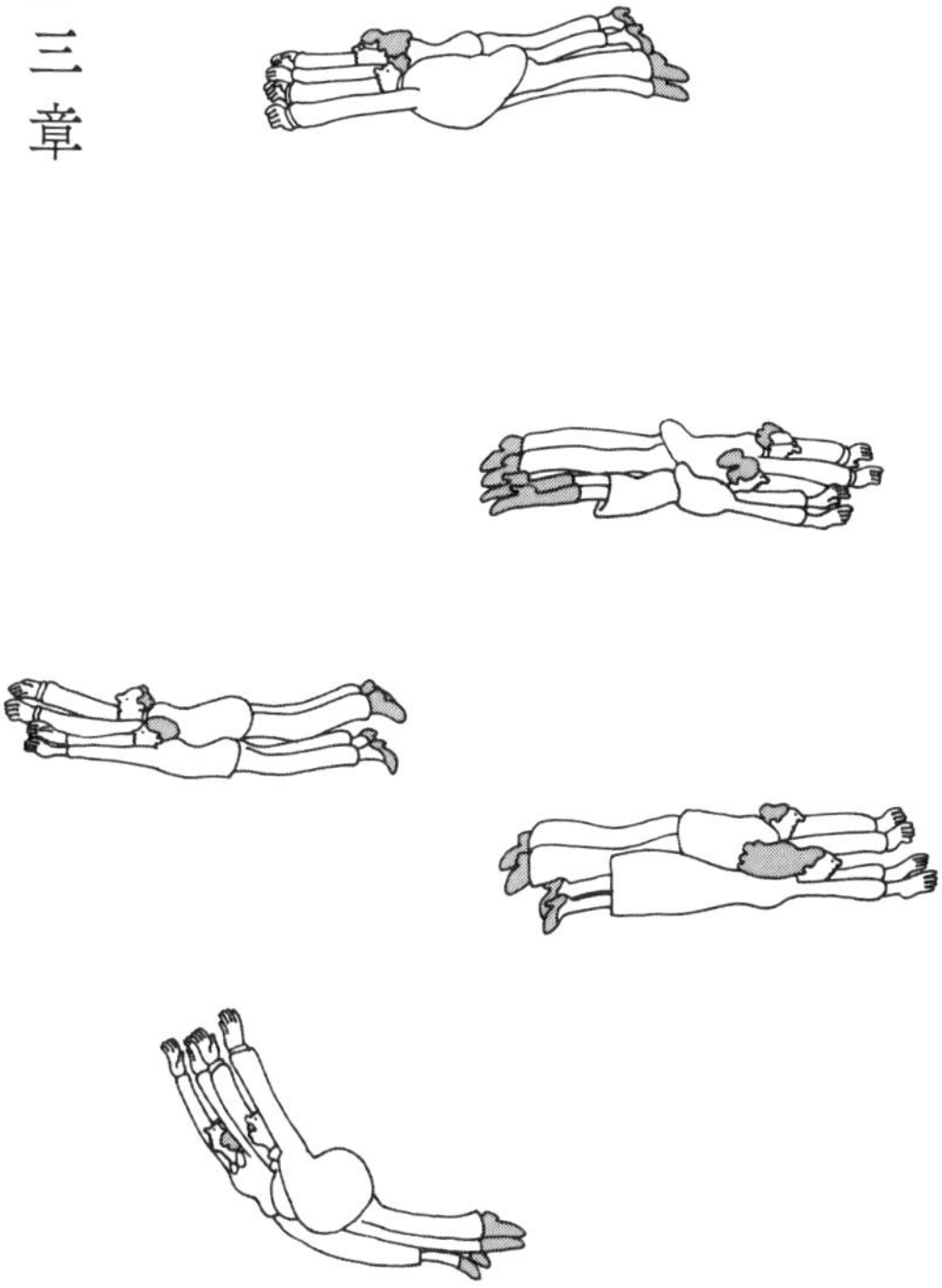

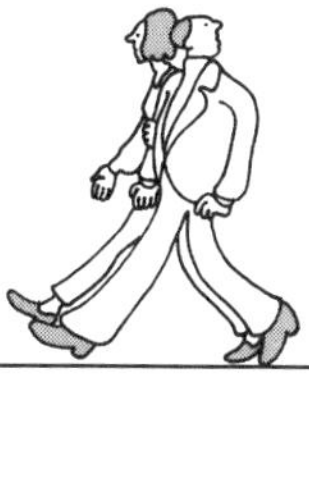

勘違い野郎の子孫が我々男性

男はいつも勘違いしては間違える

歌人の穂村弘さんが書いてたのですが、漫画家の吉野朔実さんが自宅で長年仲良くしていた男友達と話していたら、その男性が突然吉野さんに「がばっ」と来たそうなんです。吉野さんは「私が悪かった」って言って、ことは収まったそうです。

こういうことって、全世界で起きていますよね。男性は勝手に「彼女も俺のこと好きだし、これだけデートしているんだし、そろそろキスとかしても大丈夫だろうな」って勘違いして、っていうパターンです。

正直に告白しますと、僕は一八歳のときにこういう経験をしました。バイト先の女性で、すごく仲良くなっているし、彼女の一人暮らしの部屋にまで行ったことあるし、まあどう見ても僕のことを好きなはずだと思って、夜の七時くらいに、彼女の部屋に行ってインターホンを鳴らしてしまったんです。そしたら彼女、ドアを開けてくれなくて、「林くん、何の用事?」って言うんです。「あ、彼女、すごく警戒してるんだ。うわあ、自分おもいっきり勘違いしてた」とやっと気づきました。

他にも「男性の勘違い」で有名なのが、一度付き合ったり、一度セックスしたりしたことがある女性なら、別れてずいぶんと過ぎた後でも、男性の方は「あいつ、今でも俺のこと好きなんだよな」って勘違いしているというものです。女性の方はとっくに気持ちが切れているのに、久しぶりに会ってちょっと食事なんかしたら、当然のように男性がセックスしようとしたりして、「ちょっと勘違いしないでよ」っていうことになってしまいますよね。これも、ほんと男としては頭ではわかっているつもりなんです。でも、どういうわけか、「あの子、今でも俺のことを好きなんだよな」って思い込んでしまっているんです。

あるいは男性の方、こういう経験もないでしょうか。普段、ただの友達として仲のいい女性がいて、その女性が「彼氏ができた!」とか「今度、結婚します!」って報告してくると、なぜか素直に喜べないことってありませんか。「あれ? あの子、俺のこと好きだったんじゃないのかな？　彼氏ができるなんて、それでいいのかな？」って、なぜか思ってしまうんです。

いやほんと、別に何かデートっぽいことがあったわけでもなく、何か告白っぽいこともあったわけでもないのですが、なぜか「あれ？　あの子、俺のことをちょっと好きなはずなのに、それでいいのかな？」って自信過剰に思ってしまうんです。

なぜ男はここまで勘違いできるのか？

でもこれ、本当に自分をそこまでモテる男だとは思ってないんですよ。頭ではわかってるんです。でも、なぜか、心のどこかで周りの仲のいい女性は「みんなちょっとくらいは自分に気がある」って思ってて、誰か別の男と付き合ったり結婚したりすると「あれ？」って思うんです。

これがずっと不思議だったのですが、『進化心理学から考えるホモサピエンス』という本を読んで、「あ、そういうことだったんだ」と納得しました。

女性はただ感じよく接しているだけなのに、男性の方は「彼女、俺に気があるな」と

POST CARD

料金受取人払郵便

小石川局承認

9109

差出有効期間
2021 年
11 月 30 日まで
(切手不要)

112－8790

127

東京都文京区千石 4-39-17

株式会社　産業編集センター

出版部　行

★この度はご購読をありがとうございました。
お預かりした個人情報は、今後の本作りの参考にさせていただきます。
お客様の個人情報は法律で定められている場合を除き、ご本人の同意を得ず第三者に提供することはありません。また、個人情報管理の業務委託はいたしません。詳細につきましては、「個人情報問合せ窓口」(TEL：03-5395-5311〈平日 10:00 ～ 17:00〉)にお問い合わせいただくか「個人情報の取り扱いについて」(http://www.shc.co.jp/company/privacy/)をご確認ください。

※上記ご確認いただき、ご承諾いただける方は下記にご記入の上、ご送付ください。

株式会社 産業編集センター　個人情報保護管理者

氏名《ふりがな》

(男・女／　　　歳)

ご住所　〒

TEL：

E-mail：

新刊情報を DM・メールなどでご案内してもよろしいですか？	□可　□不可
ご感想を広告などに使用してもよろしいですか？	□実名で可　□匿名で可　□不可

ご購入ありがとうございました。ぜひご意見をお聞かせください。

■ お買い上げいただいた本のタイトル

ご購入日：　　　年　　月　　日　　書店名：

■ 本書をどうやってお知りになりましたか？

□ 書店で実物を見て
□ 新聞・雑誌・ウェブサイト（媒体名　　　　　　　　　　　　　　）
□ テレビ・ラジオ（番組名　　　　　　　　　　　　　　）
□ その他（　　　　　　　　　　　　　　）

■ お買い求めの動機を教えてください（複数回答可）

□ タイトル　□ 著者　□ 帯　□ 装丁　□ テーマ　□ 内容　□ 広告・書評
□ その他（　　　　　　　　　　　　　　）

■ 本書へのご意見・ご感想をお聞かせください

■ よくご覧になる新聞、雑誌、ウェブサイト、テレビ、よくお聞きになるラジオなどを教えてください

■ ご興味をお持ちのテーマや人物などを教えてください

ご記入ありがとうございました。

勘違いしやすいように、最初から設定されているそうなんです。

こんな実験の話が書いてありました。男性と女性に五分ほど会話をさせて、本人たちに気づかれないように、その様子を別室でもう一組の男女に観察させます。その後に感想を聞くと、会話していた人も観察していた人も、男性側は、会話していた女性が相手を性的に誘うような態度をみせたと言います。もちろん会話していた女性はそんなつもりは全くなく、観察した女性もそうした印象は受けなかったと言ったそうです。また、男性の会話者の多くは、女性の会話者に性的に惹かれることが多く、女性の側は相手に性的に惹かれることはそれほど多くないそうです。


これを「性淘汰」と呼ぶそうです。オスのクジャクの羽があんなに大きいのは生存に必要なのではなくて、メスのクジャクは大きい羽のオスを選ぶから、より大きい羽のオスが性淘汰で生き残った結果、現在、オスのクジャクは「羽が大きい」というのがデフォルトになったというわけです。

人間の場合、「この女性、自分のことは好きじゃないだろうな」という気が弱い男、あるいは状況を正確に判断できている男より、「この女性、俺に気があるな」って自信過剰だったり、勘違いしてしまっていたりする男性の方が、チャレンジする回数も増えるので、女性とのセックスの機会が多いわけです。

そしたら、当然その「勘違いの男性」の方が、性淘汰で遺伝子を残していくことになります。現在いる人類の男性は、そんな勘違い男たちの子孫なわけですから、僕たちはみんな「あの子、俺に気があるな」って勘違いしてしまうというわけです。

いやあ、これはちょっと悲しい話ではないですか。でもどうやら僕たちは、ずっと勘違いしていく性《さが》なのかもしれません。女性のみなさん、すいません。

男が香水つけるのってどう思いますか？

女性はとにかく男性の不潔感が受け入れられない

僕、五〇歳になる少し前くらいから、ちょっと信じられないことがありまして、たまに、長い眉毛が一、二本、自分の眉の中にあるんです。おじいさんでいますよね。眉毛が妙にふさふさしていたり、耳の中から毛が飛び出していたりする人。その兆候だと思うんです。

どうして年を取ると、こんな長い眉毛が出てくるのかというと、眉毛って普通はある程度の長さになると勝手に抜けるらしいんです。でも、年を取ってしまうと、眉毛がそれなりの長さになっても抜けるのを忘れてしまって、そのままどんどん伸びてしまうらしいんです。老化現象っていろいろなんですね。

それでまあ、僕もたまに眉毛を切っているのですが、いわゆる「眉毛を整える」ってことはしないんです。あなたはどうですか？　眉毛、整えてますか？　最近の男性はみんな整えてますよね。でもあれをちょっとするだけで、印象ってすごく違うそうですよね。

そんな話をカウンターでしていたら、女性たちに「男性はもっと美容を気にしてほしい」と提案されました。え？　そうなんですか？　よく聞く話ですが、女性はとにかく「不潔な男性」が嫌いなんですね。恋愛の本なんかを読んでいると、不潔だと病気になる可能性が高いから、遺伝子レベルの感覚で、女性は不潔な男性との恋愛やセックスや結婚を避けてしまうそうです。

だからでしょうか、「男性の美容、大賛成」だそうです。化粧水や乳液を使っている男性、最近はたくさんいますよね。やっぱり肌が全然違うようですよ。肌の感じ、女性はちゃんと見ています。にきびとか毛穴の黒ずみとかアトピーとかで自信のない方は、病院に行くのもいいそうです。モテとか関係なく、肌が綺麗になったらいいですよね。

あとは「フケがある人なんて信じられない」だそうです。よく言われますが、自分の髪型に興味がない人、髪型を考えるのが面倒くさい人、短いのが一番です。あと、今すぐに自分のジャケットやシャツにフケがついてるかどうかチェックしてみてください。女性はそういうところも見てますよ。

「部屋干し臭い人もイヤ」というのも言ってました。あれ、服に雑菌がついてるんですよね。いくら洗濯しても雑菌は死にません。一番いいのは、服を鍋にいれて、重曹もいれて、ぐつぐつ煮込むこと。雑菌が死んで、臭《にお》い、完璧にとれます。電子レンジでチンするのもいいそうです。もちろん服が傷むのにはご注意ください。

男が香水つけるのってどう思う？

とにかくにおいって問題になります。もちろんそれは男女お互い、気になりますよね。それで、「香水ってどうですか？」って聞いてみました。というのは、香水ってちょっときつい人がいるじゃないですか。あれ、みんな苦手ですよね。女性のきつい香水はよく話題になりますが、女性って男性の香水についてどういう風に考えているんだろうって思ったんです。「キザ」とか思ってるのでしょうか。

そしたら驚くことに、「男性の香水、全然嫌いじゃない。というかむしろ好き」という女性がすごくたくさんいるんです。いや、もちろん、「男性の香水も美容もあまり好きじゃないです」って女性、いつの時代も一定数はいるようです。でも、割合でいうと好きという女性の方がとても多いんです。

僕のnoteで、「男性の香水をどう思うか?」についてコメント欄で書いてもらったのですが、だいたい七割くらいの女性が積極的に好きと書いてくれたんです。男性の方、知ってましたか?日本人女性、男性の香水、積極的に好きみたいですよ。

僕、知りませんでした。どうして誰も教えてくれなかったのでしょう。妻にも聞いてみたら、「私、男性の香水、好き」とか言ってるんです。

さらに、「ドンピシャな香りの男性に出会ったら何か起きてしまうかも」みたいなコメントも複数ありました。え? そうなんですか? やっぱり「香り」と「性」って関係あるんですよね。そうかあ、欧米人男性、それを知ってて、あんなにさりげなくつけてたんですね。

日本人男性の一割も香水つけてないですよね。僕たち九割はチャンスを逃してたのかもしれません。

ちなみに、「柑橘系の香水」はどういうわけか、女性からあまり人気ありません（もちろん好きな方もいるようですが、こればっかりは好みのようです）。今、柑橘系の香水つけている方、見直した方が良さそうです。「若い男性なら柑橘系ありだけど、大人はちょっと」という意見もありました。なるほど、なんとなくわかりますよね。

でも、いったい今からどんな香水をつけていいのかわかりません。適当に買って、「それは違うんだよなあ」とかって女性陣に思われても悔しいですよね。なので僕のnoteのコメント欄で、女性たちに「私が好きな銘柄」っていうのをあげてもらいました。

BVLGARIの「MAN IN BLACK」、CHANELの「SYCOMORE」、Ferragamoの「TUSCAN SOUL」、John Varvatosの「DARK REBEL」だそうです。僕のnote読者の女性のセンス、信頼して大丈夫だと思います。僕自身、あまりわかってませんが、この辺りをちょっと試してみてはいかがでしょうか。

女性を誘うときは、具体的に

美人はどう言われるのが嬉しいのか

以前、女性をほめるときの言葉で「美人ですね」「綺麗ですね」「可愛いですね」のどれが一番喜ばれるか調査したコラムを書いたことがあります。

美人、綺麗、可愛い、女性はどれを言われたいか？

この調査はそれなりに有意義で、ほめ言葉のようでいて「美人さん」という記号に落とし込まれるのを嫌がる女性がそれなりにいることとか、「可愛い」っていう言葉だと「だって犬でも赤ちゃんでも、同じ可愛いだもん」と思う人がいること、「綺麗ですねの方が評価されてる感じがしてたまらん」とか「綺麗ですねは愛情を感じる」という人もいることがわかりました。

それぞれだなあと思って、今『LEON』で美人インタビューをしてるので、このネタを何度か振ってみたんですね。そこでわかったのは、彼女たちは「すごく僕の好みのタイプです」って言われると嬉しいということです。

彼女たちの場合、「美人ですね」とか「お綺麗ですね」っていうのは、「おはようございます」と同じくらいしょっちゅう言われているんです。そんな中で、男性から「うわ、すごく俺の好みです！」って言われると、グサッ！と心に刺さるようです。

これ、たぶんほとんどの女性がそうですよね。この言葉が一番刺さりそうです。要するに、「美しさを評価される」ってことよりも、「好意を直接投げかけられる」ということの方が、心に響くんだと思います。

さらに、その美人さんたちに、「どうやって誘われるのが一番いいですか？」って質問しているんですね。これ、男性の方は知りたいですよね。「女性がどう誘われるのが一番心地よいと感じるのか」っていうのを知りたいはずです。それでその辺り、細かく聞いてます。

女性はどう誘われるのが嬉しいのか

「連絡先を教えていただけますか？」

これは、みんな「それはいいと思う」だそうです。その後メールで食事に誘われても、断りたいときは断りやすいし、連絡先の交換は比較的重たくないそうです。「ＬＩＮＥ聞かれるの、面倒じゃないですか？」っていうのも聞いてるのですが、みなさん「だって面識がある男性ですよね。別に大丈夫ですよ」とのことでした。

「食事に行きませんか？」

もうこれにつきるそうです。ほとんどの女性が、「よっぽどイヤな感じじゃなければ食事くらいは行く」だそうです。「そのとき付き合ってる彼がいても、友達を交ぜて四人とかで行く」という意見もありました。

「チケットが余ってるので、コンサート行きませんか？」

逆に嫌がられるのはこういう遠回しの誘い方です。男性の方、これよく言ってますよね。評判悪いです。詳しく聞くと、「自分のことを好きで誘ってくれているのかはっきりしないのが一番良くない」のだそうです。はっきりと好意があることがわかるように誘ってくれるのが、一番嬉しいそうです。

少し細かい例でなるほどと思ったのが、具体的な誘いが一番乗っかりやすいということです。例えば、それまでの会話の中で、「タイに行った」とか「ワインがすごく好き」とか、いろんな情報が出てきたとしますよね。

そしたら「俺、すごくワインが美味しいお店、知ってるんですよ。今度、そこ行きませんか？」とか「タイ料理で、雰囲気も味も現地そのままのお店があるんです。今度どうですか？」って、具体的に誘われるのがすごくいいそうです。

要するに、「今度、食事でもどうですか？」の場合だと、とりあえずみんなに言ってるのかな、営業的な社交辞令な会話かな、って感じるそうなんですね。それが、具体的にお店の話をされると本気だと感じるそうなんです。

あと、お店をどうするかって難しいですよね。よく女性が「こんなお店に誘われた」なんてSNSで書いてるの見かけます。不安ですよね。

でも、場数を踏んでいる、デートに行き慣れている女性であればあるほど、「お店より一緒に行く相手が重要」と言います。

もちろん、チェーンの居酒屋や、ほんとひどいお店はダメだと思いますが、店のグレードとか味とかよりも、「どんなお店でもすごく楽しめる男性、一緒に食事をしてて、ほんとこの人楽しいな、いいなって感じる男性」だと、お店なんて気にならないそうです。

お店がダメでも、それを楽しんでいる相手の姿を見ると「いいなあ、素敵だなあ」って思うそうです。女性って、「男性がどんな状況でもうまくふるまえるかどうか」っていうのに敏感なのかもしれません。


まとめて言えることは、遠回しに好意を伝えるのではなく「好みのタイプです。好きです」とはっきり言うこと、そして食事に誘うときは「具体的なお店を伝えて誘う」ことが大事なようです。なにごともぼやかしたりしないで、具体的にはっきり伝えることが一番の攻略法なのかもしれませんね。

はっきり伝えないと「好き」を受け取らない女性

「キスしてもいい？」と確認されるのを嫌がる女性

前述の、歌人の穂村弘さんが漫画家の吉野朔実さんから聞いたエピソードで、吉野さんが長年友達として付き合っていた男性に不意に迫られたとき、とっさに出た言葉が「あたしが悪かった」というものです。このエピソード、有名なんですね。みんないろいろと思い当たることがあったり、考えることがあったりするから、よく引用されるエピソードなのでしょう。

ちなみに穂村さんはこの「あたしが悪かった」という吉野さんの一言に対して、①吉野さんが冷静にその場の状況を把握していること、②長年の友情に基づく思いやりを保持していること、③それ以上の可能性はゼロであること、以上のすべてが込められている完璧な三点セットと解説しています。吉野さんの言葉に対して、「悪かった」なんて言う必要ないって感じる女性もすごくたくさんいると思います。どういうつもりだって憤る方も多いですよね。もっともです。

この男性は、吉野さんは自分に気があるはずって完全に勘違いしていたのでしょう。三章の始めにその辺りの男の勘違いがなぜ起こるのかについて、実際に行われた「性淘汰」の実験の話をご紹介しました。勘違い男ばかりが残るという絶望的な結果だったんですが、では男性としてはどうすればいいのでしょうか？　それが今回のテーマです。

何度かデートを繰り返すと、男性はもうそろそろキスの段階かなって思い始めますよね。そんなとき、女性に「ねえ、キスしてもいい？」って「承諾を得る」のはどう思うか、女性陣に質問してみたことがあります。「林さん、ダメダメ、キスは『来た来た来た！』ってあの瞬間がいいんだから」だそうです。これ、聞くことを嫌がる女性がほとんどで、承諾を得てほしいという女性はいませんでした。雰囲気を見極めて、ロマンティックなキスをしなきゃいけないそうです。

でも、全くもって「男の勘違い」ということもあるんです。確認をしないと「え？　私たち友達だよね。え？　全然そんなつもりじゃないんだけど」ってことが起きる可能性もあるわけです。男性としては「じゃあ、どうしたらいいんだよ、いったい」って気持ちになりますよね。

前述の『進化心理学から考えるホモサピエンス』によると、「女性は相手の男性が自分に気がないものと思い込む傾向がある」そうです。男性がおもいっきり「好き好き光線」を出していても、「え？　私のこと好きだったなんて全然そうは思わなかった」って思いがちなんです。男性とは逆なんです。

どうしてこうなるかというと、男性が女性に気がないのに「あの男性、私のこと好きなんだろうな」って勘違いしてしまうと、リスクが高いからです。セックスをして妊娠したのに男性に逃げられてしまうということは避けたいはずです。「女性側のうぬぼれ、勘違い」はリスキーだから、「いやいや、あの人は私のことなんて好きじゃないはず」っていうのがデフォルトになるんですね。

男性は女性に「好き」という気持ちを伝えるべき

僕たち男性は、やっぱり女性に対して、「好きです。あなたのことを友達とかじゃなくて、女性としてすごく魅力的に感じています」っていうのを、どこかの時点で言葉にして伝えるべきなんです。

デートに誘われるとき、女性は、「○○のチケットが余ったからどうですか？」というような曖昧な誘い方とか、「いやあ、今度食事でもいきましょうよ」といった、「社交辞令なの？　みんなに言ってるんでしょ」みたいな誘い方が嫌なんだそうです。

それよりも、「あなたにとても興味があるんです。もしよければ一度でいいから食事でもどうですか？　僕のことを知ってください」って直球で来られる方が「おう」と思ってキュンってなるそうなんです。

要するに曖昧だと、女性は「別に私のことを好きなわけじゃないんでしょ」って勘違いします。そう設定されているようなんです。男性があれだけ緊張してがんばって伝えているのにです。

だから男性としては早い段階で「好きなんです」は伝えましょう。すると女性側は安心して、「じゃあどうしようかな」って考えてくれます。

でも一つだけ問題があって、「好きです」だけじゃなく「付き合ってください」を言ってしまう男性がよくいるんです。告白文化です。僕はこれに反対しています。「付き合ってください」だと、女性は答えを「イエス」か「ノー」の二者択一をせまられることになります。

そうではなくて、「好きです。でも返事はいりません。少しずつ僕のことを知ってください。そしてもし時間があったら、食事や散歩なんかに付き合ってください」と伝えてしまうのが正解だと思います。そう伝えておくと「え？　友達だと思ってた」なんてことにはなりません。

男性の方、まずは「好きです」を伝えましょう。女性は「あの人は私のこと好きじゃないのかな？」と思いがちです。だから男性は恋人になっても結婚しても、ちゃんと「好きです」を伝え続けるのがいいと思いますよ。

寝てもいいと思う男の誘いを断る理由

女性がセックスの誘いを断る理由

男性のみなさん、女性をセックスに誘って、断られたことってありますか？　ありますよね。あれ、つらいですよね。本当に立ち直れないですよね。気まずいし、次にその女性と顔を合わせたとき、どんな顔をすればいいのかわかりません。もうほとんど、犯罪者になったような気分です。

女性のみなさん、男性からセックスに誘われて、断ったことってありますか？　ありますよね。どんな理由で断りましたか？　いろいろと事情ありますよね。そんな、女性が「セックスを断った理由」をちょっと集めたことがあったんですね。

でまあ、「性的対象として見ていない」っていうのがもちろん一番多いんです。これはよくある「男女の友情問題」でして、女性は男性のことを「何でも相談できるし、一緒に飲んだりできるいいお友達」と思っていて、でも男性はそう思っていない、いつかチャンスがあれば、と思っているという問題です。「セックスしよう」と持ちかけるということは、それなりに親密な関係ではあったはずです。でも、女性は「そういう風には思ってなかった」という、悲しいパターンです。

その次に多いのが、「まだここでするのは早すぎるな、まだまだおあずけ」というパターンです。これ、戦略的に「自分の価値を高める」とまで考えているわけではないようです。「簡単に誰とでも寝る女だと思われるんじゃないかな。まあちょっとこの時点では寝ない方がいいだろう」くらいな気持ちのようです。

これと同じくらい聞いたのは、「この人とは寝ない方がいい」です。これは「友人関係がややこしくなる」とか「仕事関係が微妙になる」とか、どっちかが「既婚者だったり、恋人がいたりする」という感じでしょうか。まあ、人間関係って大切だからやめておこうとしますよね。でも彼女たちは「関係がややこしくなるから、私はあなたとセックスはしません」とは言ってくれないんですよねえ。

ここからの理由は少し変わります。例えば「生理」です。つまり、たまたまそういう日だから断ったものの、そうでなければセックスをしていたという理由です。まあこれは仕方ないですよね。でもこれ、ほとんどの女性が「ごめん、今日、私、生理だから、また違うときにやろう」とは言わないそうなんです。男性にわかるように「今日はダメ」とかって伝える女性もいるようなのですが、まあ多くの女性は「自分が生理だ」というのを伝えないようです。

そして、男性がびっくりする理由に、「下着が可愛くない」というのと「毛を処理していない」というのがあります。男性のみなさん、そんなの全然気にしないですよね。どうせ脱いでしまうし、毛なんて見てないしって僕が伝えても、彼女たちは「私が気にするんです」の一点張りです。そしてもちろん彼女たちは「今日は下着が可愛くないからダメ」とか「今日は毛をちゃんと処理してないからダメ」とは言ってくれません。

改めて誘ったら来てくれたということは……

さて、彼女たちの「セックスの誘いを断った理由」を見て、男性の方はどう思いますか？　最後の三つについては「なんだ、日にちを変えたらできるのか」、ですよね。そうなんです。この生理と下着と毛の問題なんて、典型的な「違う日ならＯＫ」パターンですよね。でも、彼女たちは「来週もう一回誘って」なんてことも、言ってはくれないんです。

だけど、ほとんどの断られた男性は、「なーんだ、俺のこと好きじゃなかったんだ」って傷ついて、再チャレンジをしません。まあ、誘って無理だったら、「俺、ダメなんだよな。まあこんな顔だし、収入低いし」とかなんとか考えて落ち込んでしまいますよね。

そんな話をカウンターでしていたら、「そこをもう一回、チャレンジしてほしいんです」という女性の声をたくさん聞きました。「あれ？　私、今日はＯＫなのに、もう誘ってこないんだ。あのときは、なんとなくやりたいだけだったのかなあ。なんかもう私に興味なんてないのかなあ」って感じている場合もあるようです。

そんなことを言っても、言われなきゃわからない、と男性のみなさんは思いますよね。だからといって、断られたその瞬間に、その場でしつこく「ねえ、やろうよ。どうして？俺のこと嫌いなの？　ねえ、やろうよ」なんて押してはいけません。その日はさっぱりとあきらめて帰りましょう。

問題はここからです。後日、あきらめずにもう一度誘ってみましょう。「もう、あなたとは絶対にセックスなんてする気持ちはありません」というのであれば、相手は、まず「飲み」とか「食事」とかには付き合ってくれません。また来てくれたなら、再チャレンジしてみてはいかがでしょうか。

「嫌い」という感情との向き合い方

もし何かを「嫌い」と思ったら

バーテンダーという仕事をしていると、「ああ、こういう話をずっと聞かされるのってつらいなあ」って感じることがあります。「こういうことを言ってくる上司が嫌い」、「テレビで見るこういうタレントが嫌い」、「街で見かけたこういう人が嫌い」といった、「○○が嫌い」という話です。

そのままお客様のネガティブな発言をずっと受け止めていると、こちらもかなり心が消耗してしまうので、「どうしてこの人は、その人のことをこんなに嫌っているんだろう?」って客観的に考えることにしています。

みなさんも心理学みたいな本を若いときに何冊か読んだことがあるかもしれませんが、

僕も昔そういう類の本を読んでいて、こんな説に出会いました。

「すべての嫌いという感情は、願望憎悪か同族嫌悪である」

例えば、身近に成功している人がいるとして、「あいつ、どうもいけ好かないなあ」と感じたら、それは「願望憎悪」です。本当は彼のように自分も成功したいけど、そうはなれないから嫌うという感情です。

一方、自分も地方出身者なのに、「あいつ、田舎モノなのにあんなにがんばっててみっともないな」って感じたら、それは「同族嫌悪」でしょう。

もちろん、誰かを嫌いと感じる感情って正確にはもっと複雑でいろんな要素があるとは思うのですが、でも、僕の経験上、ほとんどの「嫌い」は「願望憎悪」か「同族嫌悪」という言葉で説明ができるように思います。

僕は「大人になるということは、できるだけ嫌いなことを少なくしていくこと」と常々思っていまして、自分の中で「ああ、あれ嫌いだなあ」という気持ちが芽生えたら、「自分は本当はああいう風になりたいんじゃないかな」とか「自分は本当はあの人と同じ人種なんじゃないかな」と考えて、自分の「嫌い」を戒めることにしています。

「嫌い」と思わなければいろいろなことがうまくいきます。

例えば僕はミュージシャンの佐野元春がすごく好きなんですね。僕の世代（一九六九年生まれです）で音楽好きの多くは佐野元春が大好きなんです。音楽業界で働いている僕の友人たちもみんな佐野元春から音楽体験が始まったって言うんです。

でも、八歳年上の妻にとって佐野元春って「自分が西麻布とかで遊んでいた頃にすごい年下のニキビだらけの男が聴いていた音楽」っていうイメージがあるみたいなんです。でもまあ、妻は決して佐野元春を「嫌い」とまでは思わないんですね。だから佐野元春のことでケンカなんてまずしません。僕が楽しそうに聞いていてもただスルーするだけです。

あるいは、妻はしょっちゅう、「何か」に夢中になるのですが、一時は「焼き物」にハマってました。僕は全然興味ないのに、休日ごとに焼き物のお店巡りや、誰かの個展なんかに連れ回されてたんです。

でも僕としては別に「焼き物が嫌いだ」ってわけではないので、一緒に焼き物を見ていると、いろんな世界が広がってきます。僕は放っておかれるとすぐに閉じた世界に引きこもるので、連れ出されることはとてもいいことだと思うわけです。

妻が「落語」に夢中なときは、当然僕も休日ごとにいろんな寄席に連れて行かれました。やはり僕は全く興味がなかったのですが、「物語の構造」と「演者が役に憑依する瞬間」というテーマで見ていると、とても面白いということに気がつきました。やっぱり学べるんです。

だから、好きなものってそんなにぴったり合わなくてもいいと思います。お互い「面白そうだねえ」って引き寄せられるときもあるし、結婚ってお互いの時間も必要なので、「楽しんできてね」っていうこともあっていいと思います。

「嫌い」の便利な活用方法

ここまで「嫌い」と思わないようにって話を書いてきましたが、それができない場合、やっぱり「嫌い」なものが違ったら大変です。例えば「タバコが嫌い」という人っても う「絶対に嫌い」ですよね。一方がすごく嫌いで、一方が吸っていたり容認派だったりするともう大変です。

でも最近、「嫌い」という感情のこんな有効な利用方法があるということを教えてもらいました。


「結婚は相手と好きなものが同じなのより、嫌いなものが同じな方がうまくいく」


なるほどなあ、です。

夫婦二人が「タバコが嫌い」と意見が一致すれば、「もうとにかくタバコの煙がある場所だけは避ける」みたいな「共感」のような感情も生まれて、確かに結婚生活はうまくいきそうです。

金銭感覚やライフスタイル、政治思想みたいなものも「嫌い」が同じ方を向いているとうまくいきそうですね。わかりやすいところでいくと、住居を決めるときは「○○はイヤ」というのでみなさん決めているようです。「ユニットバスはイヤ」とか「○階はイヤ」とか「近くに○○があるところはイヤ」とか「日当たりが悪いところはイヤ」とか、そういう「ネガティブな要因」を基準に決めているようなんです。

「嫌い」っていう感情って「その状態をずっと続けるのは耐えられない」って気持ちなんですよね。

これって恋人や夫婦にとっては大事なことだと思います。一緒にいても苦じゃない状態を作ることが、二人の関係を長く続けるための秘訣なんじゃないでしょうか。結婚って結局、「二人でいろんなことを何十年もずっと続けて行かなきゃいけないこと」ですから。

これからの「婚活」は「嫌いなものをお互い書いてチェックする」という方法で相手を探してみてはいかがでしょうか。

あなたはどんな人と食卓を囲みたいですか？

はっきり覚えている思い出

思うところあって、僕の「生まれて初めてのデート」がどんなデートだったのか思い出してたんですね。もちろん相手は覚えているし、映画を観たのも覚えているのですが、なんの映画だったか、どこで待ち合わせをしたのかといった細かいことを全然覚えていないんです。

でも一つだけ覚えているのが、マクドナルドに行って、ハンバーガーとポテトとドリンクのセットを、お互い別々にレジで注文して買って、「こっちの席、空いてるよ」とか話して、座って食べたことです。

また別のときに、母方の祖母のことを思い出そうとしたら、最初に思い浮かぶエピソードがありました。小学校低学年の夏休みに、祖母と二人で海水浴に行ったんですね。そのとき、海の家で食べたうどんがすごく美味しかったんです。祖母も「美味しい、こんな美味しいうどん食べたことない」って感動して、帰るとき海の家の厨房の方に行って「うどんがすごく美味しかったのだけど、どうやって作ってるんですか?」って質問してたんです。

すると、厨房のおばちゃんが、「市販の○○といううどんスープと普通にスーパーで売ってるうどんの麺ですよ」って答えてくれて、その帰り道、祖母と二人で「どうしてあんなに美味しかったんだろう」って話し合ったのをよく覚えています。

あるいは、父方の祖母のことを思い出そうとしたら、最初に思い浮かぶのがこのシーンです。祖母は戦争のとき、朝鮮半島と満州にいたことがあるのですが、そのときにすごくお世話になったという韓国人女性がいて、その人が日本で焼き肉屋をやっているということで、うちの家族で食べに行ったんですね。

そのときに食べた焼き肉がすごく美味しくて、「どうしてこんなに美味しいのか」って、その韓国人女性に僕たち家族が質問にいくと、丁寧に「○○で作ったタレに漬け込んでいて……」って教えてくれて、そのときの彼女の表情と、隣にいた祖母の表情を思い出します。

妻とのデートのことで思い出すのは、付き合い始めの頃、どこもお店がやってなくてたまたま見つけて入ったチェーンの居酒屋で、僕が杏露酒《しんるちゅう》を注文したら「何それ?」って質問してきた妻の表情とか、青山でふらっと入ったバーで、妻が「ハーパーをオンザロックで」って注文した、といったシーンが出てきます。

母親との思い出だと、一緒にお祭りに行って、買ってもらったアメリカンドッグを、まだ一口しか食べていないのに落としてしまって叱られたこととか、風邪をひいたときに買ってきてもらったお好み焼きのこととかを鮮明に思い出します。

もちろん他の思い出もたくさんあるはずなのですが、「あのとき、旅行に行ったとき、何があったっけ?」って思いだそうとすると、なぜか食事のシーンであったり、コーヒーやお酒を飲んでいるシーンだったりします。

どうして僕たちは家族を持とうとするんだろう

cakesの連載で、結婚やデートについて何度も書いていると、「どうして僕たちは家族を持とうとするんだろう」とか、「デートは食事に誘うのがどうして定番なんだろう」なんて改めて考えるんですね。

大昔、僕たち人類がまだ服を着ていなかったくらいの大昔、人間が毎日朝から晩まで考えていたことは「食べるモノをどうしようか」だったと思うんですね。そして狩りや採集なんかをして食料を集め、火をおこして焼いたり煮たりして、みんなで輪になって笑いながらそれらを分けあって食べていたと思います。

いやあ、とにかく今日は生き延びることができた、食べ物にありつけた、というこの営みがまずあってから、セックスや妊娠や出産、そして子育てがあり、それから争いや政治や友情なんかがあったはずです。

お客様が家に来て、お茶も出さないってとにかく失礼ですよね。お昼時であれば、「お昼ご飯はすみましたか?」となるし、夜なら「ビールでもどうですか?」となります。仕事中の職場や、授業中の学校では、食べたり飲んだりするのはダメですが、それが終わってプライベートな時間になると、僕たちはホッとして何かを口に運びます。

どうして僕たちは家族を持とうとするんだろう。どうして僕たちは誰かと仲良くなって仲間になろうとするんだろう。といろいろと考えると、すべては「楽しい食卓をみんなで囲みたいから」、「料理を口に運んで、これ美味しいねってお互い言い合いたいから」のような気がしてきます。

どんなにつらいことがあっても、どんなに大変なことがあっても、親しい人や愛する人たちと食卓を囲んで「これ、美味しいね」って言い合えれば、それでその一日は幸せだったと思えるのではないでしょうか。

一年の終わりになると、僕たちは一緒に仕事をしてきた人や、いつも笑いあった友人たちとまた集まって、「今年もいろいろあったね」って言いながら、食事をします。そしてお正月になれば、親や兄弟姉妹、久しぶりに親戚たちとも会って、「今年もよろしくお願いします」と言いながら、食卓を囲みます。昨今はそんな集まりって面倒くさいと言われがちですが、やっぱりなぜか僕たちは食卓を囲むと幸せになれます。節目節目の食事っていいものですね。

あなたはどんな人と食卓を囲みますか？

結婚ってこんなに素晴らしい

結婚がいい理由を公開します！

二〇代後半の美人ＯＬ二人組という常連さんがいまして、最初のうちは「恋人いないんです」とか言ってたのですが、隣り合わせた男性にいい人を紹介してもらったりして、二人とも恋人ができたようなんですね。

で、僕はどうもおせっかいでして、「結婚は？」なんて彼女たちに言ってみたんです。すると、「周りの既婚者はみんな結婚なんて良くないとばかり言うんです。でも林さんは結婚はいいって思ってるんですよね。じゃあ今度、結婚はいいよって文章を書いてください」と言われたので、書きました。

まず一つ目。これ、たまに聞く話なのですが、男性の方はよくわからない感覚です。未婚女性って、合コンとかちょっとした飲み会とか新しい職場とかで知らない未婚男性と出会ったとき、すごく構えちゃうそうなんです。「あ、この男性、素敵だな。でもこういう人は私のこと好きじゃないんだよな」みたいに男性のことを考えるのはもちろん、他の女性を見て「この女の子すごく可愛いけど、なんか男に媚びてる」なんてことをぐるぐる考えてしまうんだそうです。結婚するとそういう緊張とかライバル意識とか、自分をよく見せようと無理したりすることがなくなって、すごく楽になれるそうです。

二つ目は、これもよく言われることですが、夫婦どちらかが病気やケガをしたときに、助け合うことができるところです。大人になるといつまでも親が自分の世話をしてくれるわけではありません。いくら親しい友人でも、病気やケガの面倒まではみてくれません。

でも夫や妻がいれば、本当に親身になって面倒をみてくれます。病気やケガはもちろん、他にも何か困ったときに本当に頼れて助け合えるのは友人や親ではなくて夫や妻です。

三つ目は、仕事や人間関係の悩みやグチを聞いてもらえるところです。生きている以上、どうしても気が合わない人はいるし、人間関係のトラブルはあるし、職場で失敗はあるし、嫌な上司やつかえない部下にも出会います。同僚や友人と飲みながら憂さ晴らしもできますが、やっぱり言えない話ってあるし、いくら親しくても「あいつグチばっかり」ってなると友情関係にもヒビが入ります。

でも夫や妻がいれば、夫婦ならではの「でもそれはあなたも悪いんじゃない？」という忠告もしてもらえますし、他人に言われるよりも受け入れやすいです。

四つ目。「口が臭いよ」とか「汗臭いからシャワー浴びてから出た方がいいよ」なんてことも言ってもらえます。これは友人も言ってくれませんし、恋人でもあまり言ってくれません。こういうことを言ってくれるのは家族だけです。

僕は特にサービス業をしているので、妻からたまに「口が臭い」と言われると、「お客様にサービスをする前に指摘してもらえて本当に助かった」と思います。そしてたまに、シャツや口が臭い人がいると「独身なのかなあ。言ってくれる人がいないんだろうなあ」と思います。

みんな愛し合っているのかな？

五つ目。仕事をがんばれます。僕、本来はすごく飽きっぽくて、お店を二〇年以上も続けられるような根気はないんですね。たぶん一人でお店をやってたら、五年くらいで飽きてしまって、閉めて別のことを始めていたと思います。

でも、家族があると思うと、そう簡単にはやめられません。そして仕事で多少嫌なことがあっても「家族のため」と思うとがんばれます。人のために仕事をかんばれるっていいことだと思います。

六つ目です。一緒にご飯を食べる人がいる、「いってきます」とか「ただいま」って言える人がいるって実はすごく幸せです。みんなこのことをあまり気にしませんが、朝忙しくてバタバタしながらも、一緒にご飯を食べることや、夕方「今日、晩ご飯何にしようか」「そろそろ鍋なんていいんじゃない」とか、夜食卓を囲んで「あ、もう牡蠣の季節なんだね」とか話すのって、ささやかだけど人生を豊かにする「幸せ」です。

あるいは僕がそうなのですが、疲れて家に帰ってきて、ドアを開けると、犬に迎えられ、手をぺろぺろ舐められ、妻と娘がぐっすり寝ているのを確認する瞬間って本当に「ホッ」とします。その後のビールが美味しいのです。

最後に七つ目。やっぱり、誰かを愛していることや、誰かに愛されていることって、人生で一番素敵なことです。すごいお金持ちになったり、成功して有名になったり、目標にしていた資格を取ったり、いろんな幸せな瞬間ってありますが、「誰かを愛して、尊敬していて、相手にも愛され、尊敬されている」という状態って他のどんな幸せよりも充実感があります。

日本人の場合、あまり言葉で「愛してる」なんて表現しないように思われがちですが、男性はよく「俺、奥さんのことすごく好きだよ」って言うし、女性もよく「うちの主人、やっぱりすごいなあって思うんだよね」って感じのこと言います。既婚者の方、今、みんなうなずいているはずです。はい、みんな夫婦は愛し合っていると思います。「結婚なんてつまんないよ」なんて言葉には騙されないでくださいね。いいですよ、結婚って。

第四章

マナーやふるまいについて

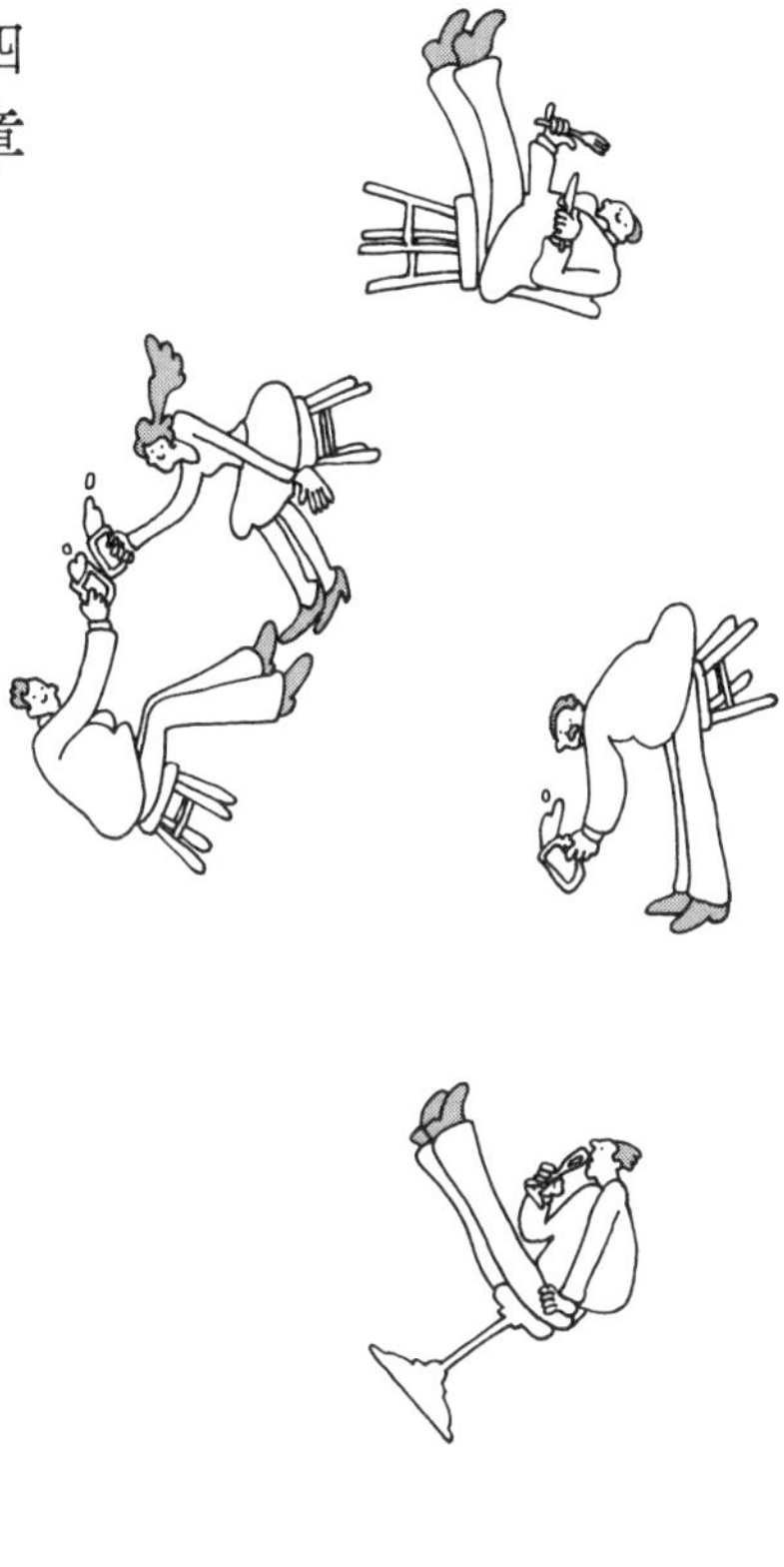

最近できた飲食店でのマナー

鞄を入れるカゴはいつから置かれるようになったか

五年くらい前からでしょうか。若いお客様が「鞄を入れるカゴはないんですか?」と言うようになったんです。bar bossaは一九九七年に開店しまして、それから十数年間そんなことって一度も言われたことがなかったのですが、最近、どの飲食店も鞄を入れるカゴを用意しているんですね。

これ、前述の「告白文化」同様に、最近になって流行りだした、日本及び日本周辺の独特の文化だと思います。以前は飲食店で、鞄は「椅子と背中の間か、膝の上に置く」、大きい場合は「床の上に置く」というのが普通でした。でも今は高価な鞄を床に置いて汚したくないと思う人が多いのでしょう。それに気づいた飲食店がカゴを用意し始めたのだと思います。

「ジェーン・バーキンがバーキンをその辺に適当に投げ飛ばして使っていた」というエピソードが好きな妻に、「鞄を入れるカゴってダサい」と言われたので、うちの店では採用しなかったんですね。代わりに鞄掛けのフックなんかを用意したんです。でもみなさんカゴを探すようになったので、妻に折れてもらって、カゴ、用意しました。ちなみに、鞄を机の上に置くのはルール違反です。理由は、鞄は床に置くものだから、鞄を机の上に置くということは靴を机の上に置くのと同じことだからです。

こういう「昔は違ったんだけど」っていう習慣ってあります。僕がバーテンダー修行を始めた二五年くらい前は、飲食店では帽子を脱ぐのが当然でした。バーでマスターが若者に「帽子を脱ぎなさい」って怒っているのを見かけたこともあります。

今はそんなことなくなりましたよね。でもこれ知っておいた方がいいです。というのも先日、あるデザイナーの方と打ち合わせをしたとき、その方がさっと帽子を脱いで僕に挨拶したんです。すごく印象が違いました。それほど気にしない僕のようなタイプでも印象良く感じるので、ある程度年上の人には帽子を脱ぐ作法というのは効果的なんだと思います。

他にも知っておいた方がいいこととして、「メニューを閉じる行為の意味」があります。特に海外だと多いのですが、高級なお店では、店員を「すいません!」って呼ぶ必要はありません。というか高級なお店では大きい声を出すのってルール違反です。

ではどうすればいいのかというと、開けていたメニューを「パタン」と閉じて、ウエイターを見れば、さっとテーブルの方に近づいてきてくれます。逆に注文が終わってもそのままメニューを開けたままの方っていますよね。それ、実はお店のスタッフにとってすごく落ち着かない行為です。「あれ? 追加注文する予定があるのかな?」ってずっと注目していなきゃいけないからです。

注文をする気がないのなら、メニューは閉じておきましょう。追加注文があるときだけ、メニューを開けてください。そしてメニューを閉じたら、ウエイターがテーブルに近づいてきてくれます。これってマナーとしてだけじゃなくて、知っていたら意外と便利ですよね。

音をたてて食べるのは美味しそう? マナー違反?

時代とともにマナーが変わってきたという話では、「麺をズルズルする行為」についても言えると思います。現代の僕たちは、音をたてて食べるのは「ズルズルすすった方が美味しいから」だと思っていますよね。でも昔は日本人もズルズルじゃなかったんです。

明治になって落語家が蕎麦を食べているのを表現するために「ズルズル」ってやり始めました。それを寄席やラジオでみんなが聞いて、真似たのが始まりだそうです。ある意味メディアの弊害が原因で広まったわけです。

でも今は冒頭のカゴの話と同様に、世間に定着してしまいましたよね。日本の蕎麦屋でズルズルってやっている外国人も見かけるようになりました。こういう食のマナーって移り変わるんですね。もちろん僕も蕎麦はズルズルって食べます。

また、『孤独のグルメ』をよく見ていたときに、気になることがありまして。主人公がどんな料理も美味しそうに「ハフッ、ゴク、フォグッ、ハフハフ、ズズズズッ」って大きい音をたてて食べているんですね。

やっぱりこれも、ドラマの演出のはずです。でも、そういう音がした方が美味しそうに感じるんです。食を取り上げるドラマが増えていますが、だいたい音の演出をしています。

その影響なのでしょうか。最近、どんな料理でも「ハフハフッ、ズズズッ」って音をたてて食べる人を見かけます。これもメディアの弊害ですね。もしかして定着したらそれが新しいマナーになるのかもしれませんが、今はまだNGだと思いますよ。お気をつけください。

最後に一つ。バーのカウンターで隣の友人と話に夢中になってるとき、「もう一杯同じモノを飲みたい」と思ったら、コースターからグラスを離して、前の方に置いておくと、バーテンダーが同じモノを作ってくれるというルールはご存じでしょうか。

これ、大昔はみんな知ってたのですが、最近は誰も知らないですよね。たまにコースターからグラスを離して置いている人がいて、「あれ……？　でもお若いからそんなルール知っているわけないよな」と思ったりします。

どこか古い高級なバーでコースターからグラスを離して置いておくと、勝手に同じお酒がもう一杯出てくるかもしれませんのでお気をつけください。

飲食店で「おすすめは?」と聞くこと

急激に増え始めた「おすすめ」を聞くお客様

飲食店で働いている人はみなさんご存じかと思いますが、今、お客様ってみんな「おすすめは何ですか?」って質問してくるんですね。旬の魚を扱っているお寿司屋さんなら「今はやっぱりブリだね」なんてやりとりもあるかもしれないのですが、普通飲食店はどのメニューも「自信を持っておすすめ」なんです。

お店をしている側に立ってみるとわかりやすいと思うのですが、「うーん、カツカレーはあんまりおすすめじゃないなあ。だったら、きつねうどんの方がおすすめですよ」なんてこと言えるわけがありませんし、思ってもいません。

でも「おすすめは?」って言われるんです。これ、ほんとここ五年くらいで急激に増えた現象だと思うんですね。少なくともbar bossaでは、昔はこんな会話、いっさいなかったんです。やっぱりインターネットが原因なんだと思います。まあとにかく「おすすめ」が出てきますから。多くの飲食業関係者に聞いたのですが、やはりこの「おすすめは何ですか?」という言葉の流行にみなさん気づいておりまして、こういうマニュアルを用意しているそうです。

①売れ残っている料理を「おすすめです」と言って、お客様におすすめする

飲食業ってとにかく食材を廃棄することは経営的に痛いんです。それを避けるために、お客様に「おすすめは?」と言われたら、まず売れ残っているものをおすすめするんだそうです。

②原価率のいい料理を用意してそれを「おすすめです」と、お客様におすすめする

例えば卵とかジャガイモとかモヤシとか鶏肉といった、すごく原価の安い食材。それらを使った料理は正直儲かるんです。だからそれを「おすすめですよ」ってすすめるわけです。

はい。正直、そんなに「おすすめ」を聞かない方がいいかもしれません。自分が「食べたいもの」を自分で考えた方がいいようですね。

「おすすめ」を聞いて得られるもの、損すること

僕、KindleとかNetflixとかApple Musicみたいなの、使わないんですね。僕としてはネット空間よりも、本屋さんに行ったり、TSUTAYAの棚を眺めたり、レコード屋でジャケットをパタパタしたりするのが好きなんです。誰かのおすすめの本や映画や音楽って、参考にはするけど、あんまりしっくりこないんです。自分で選びたいんです。

でも、今はお店で毎日のように「おすすめは?」って言われるんです。なので、これに関して「まあ世代が違うんだなあ。こういうことって時代で変わっていくからなあ。こんな図式かなあ」って考えています。

大昔:その季節に収穫できる食材は決まってて、選ぶことなんてできなかった。

ちょっと前：流通や商品開発力が進化し、世の中に食材やお店があふれ、そこから「自分ならでは」のチョイスをするのがお洒落になった。

今：もう世界中のありとあらゆるモノが手に入るようになって選びきれないから、DJやソムリエといった専門家に選んでもらうと確実に効率よく満足が得られるから、「おすすめ」してもらう。

だいたいこんな感じじゃないでしょうか。でも、「それだけじゃないなあ」と感じることもありまして、例えば、bar bossa、季節の果物のカクテルというのをやってまして、季節ごとにモモとかブドウとかを用意して、生のジュースを使って提供しているんですね。毎回、二種類選択肢を用意しているんです。冬なら「ナシ」か「リンゴ」を用意していまして、「ナシとリンゴ、どちらがいいですか？」ってお客様に質問してるんですね。

これでも、「おすすめは？」って言われるんです。もうしょっちゅう言われるんです。ナシかリンゴの選択なら誰でもできますよね。頭の中で「どっちが今、欲しいかな？」って味を想像すればいいのですから。

それでも「おすすめは？」って言ってしまう理由を考えると、たぶん「おすすめされる」というのが嬉しい、楽しい、って感じているんだなと思うのです。「取りにいく、選び取る、能動的な行為」より、「すすめられる、受動的な行為」が気持ちいいと感じ始めているのではないでしょうか。

最近の若者は、例えばワインの種類とか、飲食店でのマナーとか、そういう「面倒くさいもの」から離れていて、もっと簡単なもの、カジュアルなものを好むのはご存じですよね。いちいち「シャルドネ」とか「ボルドーのシャトー」とか「自分でメニューから選んでマリアージュを考える」とかしたくないんです。もし失敗して恥をかいたらって考えたら、そう思うのもわからなくはありません。

でも損をしてますよね。お店のソムリエやバーテンダー、寿司職人に「これは何ですか？」って質問すればいろいろと教えてくれるのに、聞かないんです。でも「おすすめは？」は聞くんです。

それだと恥はかかないけど、いろいろと教えてもらえません。ソムリエのおすすめのワインをそのまま受け入れるだけなら一方的な情報なので、それ以上の知識や情報は入手できないんです。お客様の方から「そのボトルは何のお酒ですか?」とか「さっきカクテルグラスに振りかけていたのは何ですか?」って感じで質問すれば、もっともっと深い話ができるはずなんです。

飲食店の人たちが困ること

お客様は友達ではない

飲食店の使い方のようなコラムをいろんな場所で書いているので、同業者の人たちから「林さん、今度どこかでこのテーマで書いて」というようなことをよく言われます。今回はお店が困っていることをお伝えします。

①長居するお客様に困ってます

ある飲食店を経営している友人が、四時間くらい長居されて、その間に他の新しいお客様をお断りしてしまったので、「そろそろよろしいですか」とお伝えしたら、逆ギレされてしまったそうです。食べ終わったり飲み終わったりしたら、席を譲っていただけると助かります。

②飲み物が空になったらおかわりをお願いします

日本の飲食店って実は、「飲み物」で儲けを出しています。グラスが空になったら、「おかわり」を注文していただけるとすごく助かります。あと、一緒に飲んでいる同じテーブルの友人のグラスが空になったら、「何か飲む？」とおすすめするととてもスマートです。女性は自分ばっかり飲んでいると思われるのが嫌な場合もあるので、女性にこういう声をかけるとすごく喜ばれます。これは全世界共通ルールです。

③ごめんなさい、おみやげはいりません

仲良くなってくるとおみやげを持ってきていただける場合がありますが、ごめんなさい。お店側はそんなに嬉しくないです。理由です。

・お返しできない。例えばバレンタインやどこかの旅行のおみやげだとして、そのお客様が今度いつ来店するのかわからないので、お返しを用意できません。「お返しなんていいですよ」というお気持ちもわかりますが、店側としてはお客様とは友達ではなくて「ビジネスの関係」なので、「貸し借り」はどうしても避けたいんです。

・置物や絵をもってくる方がいるのですが、ごめんなさい。店に合わないので、飾ったりできません。捨てるのも心理的にできません。常連さんが多いお店でこけしとか熊の置物とかいっぱいあるお店ありますよね。ああいう風にはしたくないんです。

・旅先で買ったお酒とか、ちょっとした食べ物とか持ってきて、その場でみんなで飲んだり食べたりしようとする方がいますが、ごめんなさい。持ち込みをされると、その分、お客様が「使うはずだったお金」を使ってもらえないので、店側は困ります。

好意だとはわかっているのですが……

④メニューやコンセプトの提案をされると困ります

「最近こういう料理が流行ってるけど、こちらのお店でもやってみたらどうですか？」とか「お店でこういうイベントやライブをやってみたらどうですか？」とかっていうのを提案してくれるお客様がたまにいらっしゃいます。お気持ちすごくわかります。そしてその提案が「お店のことを考えて好意で言ってくれている」というのもすごくわかっています。

でもごめんなさい。飲食業界の素人のお客様が思いつくようなことは、ほとんどの場合、店側の人間は知っているし、思いついています。でも、それは自分の店では無理だな、意味がないなと思っているからやってない場合がほとんどです。もし、そういう風にお店に提案したくなってきたら、「お店との距離が近づきすぎている」と考えた方がいいです。

⑤営業時間を守ってほしい

これは全てのお店の従業員が思っています。例えば、五時開店のお店に五分前に到着してしまうとしますよね。ほとんどのお客様が「五分くらいだから中に入れてよ」って思うのは十分わかります。でも、店側としてはその五分がすごく大切なんです。ほとんどのお店の人間が、「デパートや銀行に五分前に行っても、誰も開けてって言わないのに、どうして飲食店だと言うんだろう」と思ってます。

もちろん「閉店時間も守ってほしいな」と思ってます。正直に言いますと、閉店時間以降は、「残業」なんです。ずっといたいお気持ちはすごくわかりますが、閉店時間がきたらサッと外に出ていただけると助かります。

⑥予約をしたら必ず来店してほしい

あるとき、テレビである男性タレントが、「デートのときは、女性が好きそうなお店を複数店舗、予約しておく。そして、女性にどのお店がいいって聞いて、他のお店はキャンセルする」って自慢するように言っていて、「うわあ、そういうのがお洒落と思われて、そういうのが流行ると困る」と思いました。

飲食店は予約を受けたら、そのお客様の分の料理と席を用意して待っています。それが突然当日キャンセルになれば、その料理と席は無駄になってしまいます。店によっては何万円もの損害です。予約をしたら、必ず来店してください。

「まずい」「つまらない」禁止

味の表現は難しい

以前、林家きく麿さんの落語を見ていてわかったのですが、今、「優しい味」って表現するのが流行ってるんですね。

気をつけてテレビの食レポを見ていると、本当によく「優しい味！」ってコメントしています。たぶん想像するに、「美味しい」だけだとダメだし、「口に入れた瞬間、芳醇な香りが抜けていって……」みたいな表現はすぐには出てこないし、そんなときに「優しい味」って言っておけば無難に場がまとまるのでしょう。

でも、「味の表現」って難しいですよね。僕も飲食店を経営していて、日々「美味しいって何だろう?」って考えます。

「人が美味しいと感じること」に関してこんな調査があります。あるワインを美味しいと感じているとき、実はワインそのものの味わいの美味しさは三割しか関係していないそうです。あと三割は、「これはブルゴーニュの特級畑のすごくいい年のピノノワールで」といった「物語」や「ブランド」。そして残りの四割は「雰囲気」らしいんです。

例えば、静かなレストランでお洒落して大好きな人と飲むっていうのが、美味しいに四割の効果をもたらしているということなんです。そう言われてみれば「おまえがそんなこと言うから飯がまずくなった」なんて言いますよね。接待の高い酒は美味しくない、その後の一人の安居酒屋の酒の方が美味しいとも言いますし。

ほんと、「美味しい」って難しいんです。その人が普段どんな食生活をしているかっていうのも影響しますし、お酒のような嗜好品は、金額や今までどんなお酒を飲んできたかという経験値で「美味しい」と感じるところも変わってきます。

美味しいの反対の言葉、「まずい」についてもよく考えるんですね。今はインターネットで誰でも評価できるから、友人のレストランに対して「まずい」なんて書いてあるのを見ると、この評価している人は普段どんなお店に行ってるんだろうってチェックしてしまいます。

あるとき、平松洋子のエッセイを読んでいたら、評論家の坪内祐三は「まずいとは言わないって決めている」と書いてありました。彼は小さい頃から東京プリンスや帝国ホテルによく連れて行ってもらったり、小学生のとき、遠足の弁当がビフカツと松茸ごはんだったりしていたそうなんですね。

そんな彼が小学五年生のときに、お父さんに連れて行ってもらった池袋西武の大食堂でハンバーグを食べて「まずい」って言ったら、お父さんに「美味しいと思って食べている人がいるのに、そういうことを言うのは下品だ」って怒られたそうなんです。

確かに「まずい」って言葉を口に出すのって「下品」ですよね。僕もそれはもっともだなと思って、「まずい」という言葉は絶対に言わない、使わないって決めました。いやほんと、「美味しい」が人によって違うように、「まずい」も人によって違うんです。「美味しい」の場合は周りを幸せな気分にさせますが、「まずい」はそうではありません。やはり慎むべき言葉でしょう。

「まずい」という味は存在しない

ところで、どうして「まずい」という言葉がダメなのか、ひろゆきの『論破力』を読んでいて、わかりました。引用します。

誰でも食べ物について「まずい」と言いますすね。でも、じつは「まずい」という味はないわけです。よく考えると「しょっぱい」とか「辛い」とか「味が薄い」とか、別の言葉で説明できるのですよ。

ただ便利な言葉だから、よく考えずに「これ、まずいね」と言ってしまう。

なるほど。「まずい」という味は世の中には存在しないんです。「まずい」ってある意味、「味の分析を放棄」しているんです。本来は「僕にはちょっと塩味が強すぎかな」とか、「たぶんこれは出汁を取るのに、あまりいい鰹節を使ってないんじゃないかな」って言うべきところを「まずい」という一言で終わらせてしまっているんです。「まずい」という表現をする人は、味について考えることを放棄してしまっているんです。

同様に、映画や本やいろんなコンテンツを「つまらない」って言ってしまうことも、せっかく何がその作品に足りないのかを考えるチャンスだったのに、それを放棄しているんです。そしてやっぱり、作った人に対して敬意がないから下品で不快なんです。

考えることを放棄せずもう少しつっこんで、「もうちょっと麺を茹でた方がいいんじゃないかな」とか「あのシーンは物語には不要だったんじゃないかな」ってところまで表現できると、やっと「作った人への尊敬」が表れて、作った側の人も、その表現をインターネットなんかで見て、「そうかあ、そうかも知れないな。ちゃんと見てくれてるんだな」って感じるのではないかと思います。

「まずい」とか「つまらない」とか言ってませんか？　その言葉を言ってしまう前に、少し立ち止まって、「何がこの料理には足りなかったんだろう」「この作品はどうすればもっと良くなるのだろう」と考えるきっかけにした方が、「有意義」だと思いませんか？

凄まじい勢いで時代が変わっている

リア充に代わっておたくがのしあがってきた

僕の父親は一九三九年生まれなのですが、マンガに対して子供が読むような程度の低いものと思っているふしがあります。例えば、世間でちょっとバカげた騒動が起きると、父はそれに対して「マンガみたい」と形容するんです。

一方、僕の母親は一九四四年生まれなのですが、かつて絵本の営業の仕事をしていたせいか「マンガは文化だ」ってよく言ってます。「マンガを理解できる私」っていうのをよく主張していて、自分を進歩的と思ってるようなんです。

同じような偏見が、僕の世代ではアニメに対してありまして、僕が高校生くらいの頃(一九八〇年代半ばです)に、アニメ研究会みたいなものが作られるのが流行ったんですね。当時アニメが好きな人って「おたく」として学校内では低く見られる存在で、冷遇されていたんです。

当時のことを知らない人は驚きますよね。今、アニメって誰もが見るものです。むしろ日本の一番誇れるコンテンツであり、アニメーターを夢見る主人公がNHKの朝ドラで描かれるぐらいメジャー感があります。いやほんと、お洒落な若者たちが普通にアニメのことをSNSで発信しているのを見ると、古い世代の僕としてはすごくびっくりなんです。

そしてインターネットも、かつておたくと呼ばれていた、コンピューターが好きな人たちが使っていたものですよね。それまで流行を作っていたのは、新聞、雑誌、テレビ、大手広告代理店だったのに、インターネット普及以降は、それまで冷遇されていたコンピューター関連に詳しい人たちが台頭してきて、オールドメディアが支配していた世界をひっくり返してしまいました。

いやほんと、僕が学生の頃ってギリギリバブルで、旅行代理店や広告やメディア関係の会社に入るのがお洒落で、まさかコンピューターや携帯電話の会社にみんなが入りたがるようになるとは、誰も思っていませんでした。

最近だとeスポーツ。まさかゲームがスポーツ競技になるなんて、誰も思わなかったですよね。日本ではまだこれからという感じですが、アメリカや韓国では億単位でかせぐ人もたくさん出てきています。ええと、僕が言わんとしていること、伝わってますでしょうか。

要するに、世の中の中心にいた「リア充」の人たちが、どんどん「おたく」の人たちと入れ替わっている、という状態なんだと思うんですね。

もう恋愛は古いのかもしれない

僕はcakesの初期の記事をたまに読み直すことがあるのですが、「キス」とか「デート」とか「誘い方」とかって感じがどうも古いんです。もちろん、恋愛自体がもう流行っていないというのは、いろんな人たちが考察して記事を書いているので納得はしていたんですね。でも、その恋愛が流行っていない感じって、デートのドキドキ感とか、クリスマスやバレンタインの高揚感みたいなものをどうやらみんな古いと感じているってことのようなんです。

例えば今、「合コンでどうやってモテるか?」なんて感じの記事があったとしたら、誰も読まないと思うし、記事の内容によっては炎上すると思うんですね。「モテる」「モテない」っていうネタがもう古いんです。

今、恋愛の記事より読まれるのは、「女としてのつらさ」「男としてのつらさ」とか、「お金」、「格差」、「日本がダメになってきたこと」、「海外と日本とのズレ」、とかなんです。一昔前によくあった、「外国人との恋愛」なんて記事も、「それ古いなあ」と感じられるのかもしれないです。

ところで先日、僕がある媒体で書いた「コロナ禍でバーや居酒屋が危ない」という記事に対して、「もうバーとか飲み会とかっていうのがオワコンなんだよ」というようなツイートがあったんです。「あ、ついにその時代が来てしまった」と思いました。

Netflixのドラマ『フォロワーズ』に対して、「パリピっぽい感じがダサい」っていう批判みたいな意見があって話題になりましたよね。そういえば、「パリピってバブルみたいで昭和っぽくてカッコ悪い」って感じになってます。

その感覚に関しては、僕はエコとか健康志向とかの影響かなと思っていたのですが、もしかしてそうではなくて、「夜」とか「シャンパーニュ」とか「キラキラ」って感じがもうダメなのかなって感じがしてきました。もちろん自分としては「暗いバー」ってもうダメなんだなとは自覚していたんです。「いやほんと自分のバー、古いな」と痛感してました。

さらに、「飲み会」とか「イエーイ!」とか「ハイボール」みたいな感じももうダメなのかなって気もしてます。それがコロナによって、凄まじい勢いで加速している感じがします。

いやほんと、夜遊び的なことが、もしかしてこのコロナ以降、お洒落じゃなくなるのかな、そしたら服とか靴とかブランド品とか化粧品とかいろんなもの、もう売れないだろうな、とかいろいろと考えているところです。

取材拒否の店が取材を受ける理由

大阪の人の「お金を落としたい」感覚

　バーテンダーという仕事を二〇年以上やってきて、とにかくいろんな方を接客してきました。その中で感じたお客様の傾向というのがあって、例えば関西弁の方って、「今日は一杯だけで、あんまりお金を落とせなくてすいません」とかってことを言ってくれるんです。

　もちろん、店の人間としては、できるだけたくさん飲んでいただいて、たくさんお金を使ってもらえるとすごく嬉しいのですが、僕はそんな、みんなにお金をたくさん使ってもらおうとは思ってないんですね。すごくたくさんお金を使う方もいれば、そうでもない方もいて、売上を全体でならせば、ギリギリ儲けは出るようにこちらも計算して経営しているんです。だいたいお酒の量って体質や体調にもよりますしね。それよりも僕としては「あ、意外と安かったなあ。雰囲気もいいし、じゃあまた今度デートで使おう」って二回目に来てもらうのを期待しているんです。

でも、関西の方は「お金を落とせなくてすいません」って仰るんです。これ、大阪は商人の街だったから、なんてことを言われますね。かつての大阪の街は、住む人たちの多くが商売をやっていたから、このお店でお金を落としておくと、そのお店の人も自分の店に来てお金を落としてくれる。その人が自分の店に来てくれなくても、別のお店で落とすから、回り回って、結局は全員のところにお金が落ちる。っていうのが肌感覚にあって、意識的にお金を使おうとしてしまうわけです。

こういうことって、やっぱり大阪では小さい頃に親から教わるのでしょうか。それともなんとなく「常識」として身につくのでしょうか。こうしたお客様と店との感覚のズレって、実はたくさんあります。

飛び込み営業で仕事なんてなかなか取れない

「お金を落とせなくてすいません」の逆のパターンで聞く話があります。お洒落な雑貨屋さんとかに、「こういうライブがあるのでフライヤーを置いてもらえませんか？」って人が来るらしいんですね。そういうお店を経営している人たちがよく言うのは、「お願いだから、何かを買ってほしい。安いものでいいから」ということらしいんです。

なんだかケチくさいと感じるかもしれませんが、お店って家賃がかかってるんです。銀座の一等地だと小さいお店でも何百万もする場合もあります。で、経営者は「一坪で一ヶ月にこのくらい利益があれば経営できる。じゃあこのくらいの単価の品物を置いて」と計算するんです。

できれば、お店の空いている場所には商品を置きたいんです。それでもフライヤーを置いてあったとしたら、理由は、設置を依頼してきた方がいつも商品をたくさん買ってくれているからだったりします。常連さんだからうちのお店でも応援しようかなって思って、フライヤーを置くんです。ギブ・アンド・テイクの気持ちです。

でも、フライヤーを持ってくる多くの人は、意外とそういうお店の人の気持ちや事情を知らないから、「お店の雰囲気に合うお洒落なフライヤーやフリーペーパーだったら置いてくれる」って考えがちなんですね。そういうことではないんです。

中には一方的にフライヤーを三〇枚とか送ってくるところもあります。やめた方がいいです。お店側にとってみたら、そのイベントや会社自体に対してすごく不快な気持ちになります。

やっぱりお金を使ってくれてありがたいから、または応援したいという気持ちになったから、置こうと思うんです。

同じような種類の話があります。ある、取材を受けないことで有名なお店があるんですね。bar bossaのお客様がその店が本に載っていたのを見つけて、「あれ、どうしてなんだろう?」って話をしてきたんです。僕としては、「取材する側の編集者が、しょっちゅう通って、すごくお金を使って、他のお客さんも紹介して、がんばって営業したんだろうなあ」ってすぐに思いました。

やっぱりお店って商売なので、そこまでしてくれる人には「折れる」んです。編集者がお店に通っていくら使ったのかわかりませんが、想像するに、その店を載せられたということは、お店に落としたお金以上の価値があると感じているんじゃないかと思います。

いきなりの電話営業や、いきなりの飛び込み営業って多いんです。あれ、店側としては時間が割かれてしまうし、断るのも後味が悪いし、本当にやめてほしいと思っています。だったらあの営業にかける人件費を、全部、お店での買い物や飲み食いにまわした方が効果的なのでは、っていつも思ってしまうんです。

これ、僕が店側の人間だからでしょうか。普通、電話営業や飛び込み営業で契約ってなかなかしません。でも、お金を使うお客さんなら、商売をしている人間として一応話ぐらいは最後まで聞くんです。

例えば、あなたがアマゾンや楽天や近所のコンビニで買い物をしている分を全部、一つの個人店で毎日のように買うと、そのお店、かなり融通がきくようになると思いますよ。

「取材したい」だけでなく、「このお店でイベントがやりたいな」とか、「このお店を使ってうちの商品を展開したいなあ」とか考えた場合、まず通ってお金を落とす、というのが一番効果あると思います。

ネットではわからない、美味しい飲食店の見つけ方

街中で美味しいお店を見分けるコツ

以前、『だれも知らないムーミン谷』の著者の熊沢里美さんにカウンターでこんな質問をされました。

「林さん、私、いつも飲食店選びを失敗してしまうんです。美味しい飲食店ってどうやって見分けるんですか？　大通りとか一本入った道とか、どういう見た目がいいとかありますか？」

なかなか難しい問題ですね。ネットが普及する前は、みんな手探りでお店を探してきたわけです。最近はすぐにネットで調べてしまう方も多いですが、お店の本当の良さはネットに出てくる点数には表れにくいものです。僕は今どきスマホも持っていませんし、

一日一時間しかネットをやりません。そんなどちらかというとアナログ人間の僕が考える、美味しいお店を見分けるコツをご紹介します。

大通りというと、駅前とか、〇〇ヒルズみたいなものがある通りだと思うんですが、そこでお店を経営するにはとにかくお金がかかるので、大手の会社じゃないとまず無理なんですね。日本の大手の飲食店は、調理技術や食材なんかをすごく研究しています。そういう大手のお店を嫌う人も多いですが、だいたい普通に美味しいです。悩みたくなければまずはそこで。

でも今回は、そういうお店ではないとっておきの個人店を見つけたいということですよね。

一本入った道というと、パチンコ屋や風俗店もある「ワイルドサイド」と、美容院やセレクトショップなんかがある「お洒落サイド」がありますよね。

ワイルドサイドでいい店を見分けるポイントは「清潔そう」と「経営が長そう」です。

両隣のお店がキャバクラとかカラオケ屋なのに、入り口がちゃんと掃除されていてお花や緑があれば和食でも中華でもイタリアンでも、まずいいお店です。ワイルドサイドはお洒落サイドと比べて家賃が安いんですね。そういう場所で「キチッとした店構え」で経営をしているということは、味や接客に自信がある証拠です。

焼き鳥屋さんや小料理屋さんはワイルドサイドにはたくさんありますが、「できるだけ経営が長そうな店」の方がいいお店が多いです。その街で働いている人たちがずっと通っている証拠なので、まず変なものは出てきません。

一方、お洒落サイドで見分けるポイントは「スタッフが仲良くて生き生きして楽しそう」と「お客さんのザワザワ感がある」です。お洒落サイドの場合、IT企業の社長や不動産屋さんやビルのオーナーが始めた、イタリアンやカフェというのがたまにあります。

もちろんそういう人たちの経営でいいお店はたくさんあります。でも、一般的にそういうお店は料理人が雇われで、バイトのスタッフはルックスだけで選んでしまっている場合があって、スタッフ同士があまり仲良くなくて、それなりの料理やワインが出てくるし、内装もお洒落なんだけど、なんか居心地が良くないということがあります。

外から見て、一見お洒落そうでも、店員の表情が暗かったり、お客さんの楽しそうなザワザワ感がなかったりしたら、僕は避けます。

おすすめできないお店の二つのパターン

もう少し細かく見ていきましょう。飲食業界に二〇年以上いる僕の感覚として、「プライベートでは絶対に入らないお店」というのがあります。ちょっと基準が厳しいかも知れないですが、参考にしてほしいのが次のパターンです。

●メニューが多過ぎ

入り口のメニューを見て、吟醸酒、焼酎、カクテル、ワイン、ウイスキー、ビールと全部そこそこそろえている。あるいは肉料理も寿司も焼きそばもなんでもある。こういう、何を食べてほしいのか、何を飲んでほしいのか、がはっきりしないところは、外すことが多いです。やっぱり研究して作った自信のある料理と、考えぬいて選んだ自信のあるお酒を出すお店の方がいいですよね。

なので逆に、メニューが少ないお店はいい場合が多いです。今日の刺身はこの二種類だけとか、ビールはサッポロの赤星の瓶ビールだけとかだと僕は期待して入ります。

●安さを強調しているお店

低価格を追求するってすごいことだとは思います。どんな業種でも、少しでも安くしてお客様に満足していただきたいと考えていると思います。ただし飲食店の場合、低価格を実現するためにしている工夫として、次のようなことが考えられます。

・長期保存のきく冷凍食品の大量仕入れ
・人件費の安い学生バイトでもできる、袋から出して盛りつけるだけの料理を提供
・モヤシやジャガイモといった安い食材を大量に使用し、値段のわりに見た目にボリュームが出る揚げ物やマヨネーズ料理ばかり提供
・隣との距離がすごく近いテーブル配置にし、一度に多くのお客様が入れるようにする、あるいは立ち飲みで回転率をあげる

とにかく安く飲みたいということでしたら全然問題ありませんが、「今日はせっかくの

外食だから美味しいものを食べたい」ということでしたら、避けた方がいいかもしれません。

最後に、先ほど「できるだけ経営が長い店」と書きましたが、「三〇年以上続いていそうなお店」はもう間違いがないです。

例えばそこが「すごく古いスタイルのパスタ屋」であったとしても、「テレビが置いてある鉄板焼屋」であったとしても、三〇年も続いているということは、何かすごい魅力があるはずなんです。

「あ、なるほど、このオバチャンが最高なんだ」とか「座ると椅子とテーブルの高さが絶妙なんだ」とか、何か長く続いている理由というものが必ずあります。それを探すのも飲食店探しの楽しみの一つかなと僕は思っています。

ネットで全然話題になっていない、本当になんでもないカウンターだけの地味な小料理屋なんだけど、つまんで飲んで三〇〇〇円で、すごく雰囲気のいいお店って自分の足で探せば日本中にたくさんありますよ。おもいきって扉をガラガラッと開けてみてください。

飲食店って、誰か知らない人の家におじゃまして、そこの食卓でご飯を食べさせてもらうような場所だと思います。家にもいろいろあります。お母さんみたいな人が「お腹いっぱい食べなさい」って言ってくれる家、頼れる兄貴みたいな人が「この季節はこんな魚が旨いよ」と教えてくれる家。いろんな家に上がり込んで「いただきます」と「ごちそうさま」を言えるのが飲食店の醍醐味です。

美味しい自分だけのお店、ぜひ探してみてくださいね。

第五章

大人になるということ

おじさんがやるべきこと

おじさんを、おじさんという理由で気持ち悪く感じること

ある日、カウンターに座った若い女性二人組が、こんなことを言いました。

「五〇代のおじさんの上司が、夏になったらTシャツになるんです。そのTシャツから乳首が透けて見えるのが気持ち悪いんです」

男性の方、落ち込みませんか？　僕はおもいっきり落ち込みました。もう絶対に白いTシャツは着ない、乳首がぽっつりなる薄手のシャツも着ない、って心に誓いました。

ちなみにそういうときは、「男性の乳首って何歳辺りから気持ち悪く思われるんだろう」って考えることにしています。赤ちゃんの乳首って、すごく可愛いですよね。五歳のちびっこわんぱく坊主の乳首、やっぱり可愛いです。一八歳の男子高校生、うーん、そんなに気持ち悪くはないですね。三〇代の男性、そうかあ、人によってはちょっと気持

ち悪いです。五〇代以上の男性は、ごめんなさい、まず気持ち悪いですね。

それですごく気になって、「他におじさんで気持ち悪いって感じるのって何かありますか？」ってその二人に聞いてみました。

「私の投稿の全部に『いいね』を押すおじさんが気持ち悪い」だそうです。ええ？ちょっとまた落ち込みますよね。「いいね」も気持ち悪いんですか？　逆にめったに「いいね」なんて押さない人が、すごく珍しく「いいね」を押してくれると嬉しいそうです。

それは僕もなんとなくわかります。僕が知っているカッコいいおじさんたちが何人かいまして、彼らめったに「いいね」なんてしないんです。でも、僕がちょっといい記事が書けたと思えたときに、「いいね」してくれてたりするとすごく嬉しいんです。ついでに彼女たち、「『いいね』を押すくらいなら、ちゃんとシェアしろ」だそうです。確かに仰る通りですね。

「他には？」って聞いたら、「おじさんのコメントが気持ち悪い」だそうで、これは僕、予想できました。若い人同士で仲良くコメントしあっている中に、おじさんのコメントを発見すると、僕の方まで胸が痛くなってきます。

この「おじさんが、おじさんという理由で気持ち悪い現象」は、cakesでも何度か書いていますが、満員電車で体をくっつけなくてはならない場合、老若男女全員が「より年齢の高い男性」と体がくっつくのが不快で、「より年齢の低い女性」とくっつくのは問題ない、という調査結果が示している、どうしようもない事実です。

おじさんにもできることはあるはず

では、僕たちおじさんたちはもう価値がないのでしょうか。

営業中にこんな電話がかかってくることがありまして、「今度、彼女が誕生日なんですけど、そちらで何かバースデーサービスみたいなのはありますか?」ってものです。うち、妻がそういうサービス嫌いなんですね。「そんなのお店に任せないで自分で考えろ」って言うんです。それで「すいません、やってません」って答えると、「そうですか。じゃあ別のお店をあたります」って言われるんです。

あるいは最近、洋服屋でシャツを一枚買っただけで、店員の方が袋を持って、お店の出口までついてきてくれますよね。「うわあ、過剰サービス」とは思うのですが、なんかどのお店もやり始めると「やるのが当たり前」になってしまってます。お店側が過剰なサービスをすることによって、今、お客様の方が「私たちはちやほやされて当然」みたいな風潮になり始めています。

それに対して、「林さん、『それは違うよ、お客様は神様ではないよ』って原稿をお願いします」っていう依頼が最近増えてきているんですね。それは僕みたいな飲食業の人間が勇気を持って言わなければいけないことだと思うんですけど、僕だけじゃなくおじさんたちみんなで、「コーヒー一杯でずっといちゃダメだよ」みたいなこととか、洋服屋で「取り置きし過ぎは迷惑だよ」とか言いませんか？　若い人たちに、口うるさいと思われてもいいから、言っていった方がいいと思うんです。

おじさんこそがやるべきことってあると思うんです。他にも、「若くて才能がある人」を紹介して、引っ張り上げることとか。

以前、坂本龍一さんがツイッターで、僕の友人が経営している「雨と休日」というCD店のことを紹介したことがあったんです。もちろん坂本龍一さんにはフォロワーがたくさんいますから、そのツイートは店の宣伝にすごく効果があったと思います。

ミュージシャンでも作家でも、若くて才能がある人を紹介する人としない人とはっきりわかれます。自分が持っているメディア、影響力を使って、「若くて才能がある人を紹介する、彼らを引っ張り上げる」。おじさんだからできることかもしれません。

四〇歳をこえてしまったあなた、そろそろ若い人に煙たがられ始めてませんか？　あなたは若い人を引き上げていますか？　若い人に常識を教えることと、若い人を引っ張り上げること。おじさんのみなさん、やってみませんか？

不倫は本当に時間の無駄

中年男性が若い女性に手を出す理由

「中年男性が二〇代前半の女性に手を出すことってあるじゃないですか。あれ、どういう気持ちなんですか？」って質問されたんですね。僕も若い頃、それがずっと疑問だったんです。可愛くて綺麗な女の子たちが、お金や権力を持っている脂ぎった中年男性たちと、若い僕らには払えないような高いレストランや寿司屋なんかに行ってるのをみると、「どうしてなんだ！」って憤ったものです。

でも、僕も年を取りまして、やっとあの「中年男性たちの気持ち」がわかるようになりました。説明します。二つパターンがあるようです。

①若い頃はパッとしなくて全然モテなくて、周りの綺麗な女の子たちに声をかけるなん

て絶対に無理だったけど、年齢を重ねてそれなりに収入や地位も得て、「女性をどういう風に誘えばいいのか、どういうお店にエスコートすればいいのか」なんてことも理解し始めたので、かつては声もかけられなかったような若くて綺麗な女の子を誘う。

これは実際に複数の男性に聞いたことがあります。「青春を取り戻してるんだよ」なんて美化して表現していました。でも、要するにあの頃の自分に向かって、「俺もこんな風に若くて綺麗な女性とデートできるようになったんだ」って実感しているんだと思います。そしてかつての自分のような「若くてモテない男性たち」に向かって、「だったら君たちも仕事とかをがんばっていっちょ前になりなさい」って見せつけてるんだと思います。

②若い頃からずっとモテていて、若い頃にもちろん同年代の綺麗な女の子たちと付き合ったりしてたんだけど、年を取ってしまった今、自分は男として価値が落ちたりしてないんだろうかというのを確認するために、若くて綺麗な女性に手を出す。

これも実際、そういう中年男性たちから複数回聞いたことがあります。「この間、二三歳の女の子が向こうから『食事に行きませんか』って言ってきてさ。いや、俺もまだまだいけるんだなって思ったね」って感じで、みなさん「俺もまだまだいける」っていうのを何度も強調します。まあわかりますよね。これは年齢を重ねた女性でもそういうことがありますよね。

若い頃の自分を説得できるか？

ところで、「既婚男性と一回だけでも不倫したことがある」って女性、どのくらいいるのでしょうか。僕が「一回だけでも既婚男性と経験したことありますか？」って質問すると、すごく多くの女性が「あります」って答えるんです。実はすごく多いんじゃないでしょうか。

「いやあそんなつもりなかったんですけどね」とか、「最初は食事だけのつもりだったんですけど、押されて押されて」とか、「なんか若い頃って仕事ができる男性がすごいとか勘違いしてしまって、ついついなんですよね」とか、まあみんなそういう経験はあるそうなんです。

ある女性は「あれは通過儀礼です」とも言ってました。あれで、「そうかあ。世の中ってこういう仕組みになっているんだ」とか「ああ、こういう地位やお金を持っている男性たちがいて、こういうお店で食事してってっていう世界があるんだ」とか、いろんなことを学ぶのだそうです。


ところで、ある婚活をがんばっている三二歳の女性と話していたときのこと、こんなことを告白されました。そのときのやり取りです。

「林さん、私、二三歳の頃から五年間、ずっと既婚男性と不倫してたんです。彼のこと、すごく好きで、彼も私のことをすごく好きだったんです。でも今思うと、五年って長かったなって。今、あの頃の私に、『その不倫はやめておけ。今、婚活したらいくらでも男性、選べるから、その中で一番条件がいい男性と結婚しろ』って忠告したいです」

「でも、ほんとにタイムマシンに乗って、二三歳の自分にその言葉を言えたとしても説得できると思いますか？」

「説得する自信あります。ちゃんと全部を説明します」

なるほど、「すごくお互い好きだった」という恋の思い出や実感はありながらも、その不倫をやめさせる自信はあるんですね。

実は僕も、不倫相手からずっと奥さんとは離婚するって言われ続けて四〇歳をこえてしまった女性を知ってまして、彼女はすごく後悔してたんです。「私の二〇代後半から三〇代のあの青春を返してほしい」って言ってました。そうですよね。

今、不倫って何かと批判されている一方で、本来、人類は複数の人とセックスをしてたんだ、だから仕方ないんだ、なんて言説もたまに見かけます。でも思うのが「若い女性と長く付き合って、その彼女の青春を奪うだけ」の行動は考え直してほしいなってことなんです。だってこの文章、最初から読み直してください。不倫する男性の動機は、ほとんどが①か②なんです。そんなことに、若い女性が大切な時間を使って付き合う必要なんてないですよね。

だから僕は、周りでそういう人を見かけたら、「それはダメですよ」って言うことにしてます。いやほんと、それが大人ってものです。

若い人たちに期待すること

渋谷で一番変わったこと

渋谷で二三年間バーをやってきて、毎日渋谷を歩いているのですが、一番変わったことは、渋谷を歩く外国人の数と多様さです。

僕のバーにも、どこでうちのことを知ったのかわからないのですが、毎日のように外国人が来店してくれます。「日本の渋谷でワインとボサノヴァのバー」というコンセプトを理解してくれていて、みなさんが「いいバーだね」と気に入ってくれて、スマホで写真をたくさん撮影していかれます。

これから、中国やインドや韓国や東南アジアの国々が豊かになったとき、日本はどういう風になるのかって今、いろんな場所で語られていますが、僕は常々、「日本はフランスの立ち位置になるのがいいのでは」って考えているんですね。

フランスって、長い歴史の遺産を大切に保存し観光地にして、独特の文化や料理を世界に打ち出して、それで世界中から「フランスのブランド」っていうので信頼されていますよね。

日本も長い歴史があるし、お寺や神社もたくさん残っているし、日本独特のお祭りや芸能もたくさん残っています。寿司を中心とした日本料理も世界で注目されています。そして、マンガやアニメ文化も健在です。そういう「他の国よりちょっと変わったユニークな文化を持った国」として生き残っていけばいいのでは、と思うんです。


以前、仕事で寿司職人の方にインタビューしたことがあるのですが、その方が「日本の若者には寿司職人になるのをおすすめします。世界中でずっと食べていけます」と断言していました。

これからロボットやAI技術が多くの仕事を奪ってしまうと言われていますが、ロボットが魚河岸に行って、その日の安くて美味しい魚を選んで、値段を交渉して仕入れて、創意工夫を図った下ごしらえをして、お客様のお腹具合を見ながらシャリを少なくしたり、ちょっと珍しい旬の貝をすすめたり、といった「寿司職人」の仕事をするのはまだしばらくの間は無理でしょう。

でも、今、人間が有名な寿司屋で数年修行すれば、そういう作業が可能になります。その寿司職人の話では、店を構えなくても、一〇人くらいのパーティー会場に出張して、その場で寿司を一〇人分握って、一人一万円で一日一〇万円の売り上げがあるそうで、それが一ヶ月に数回入れば十分食べていけるそうです。

だから、寿司職人の腕さえあれば、海外に行って、インターネットで告知して、その場で魚河岸に行って、魚を仕入れて、一人一万円の寿司をいつでもどこでも提供できるというわけです。その寿司職人の方は英語も堪能だったので、本当にいつ海外に行っても、自分の寿司職人の腕だけで生活できるでしょう。

日本にはまだまだ魅力的なものがたくさんある

日本には伝統芸能もあります。例えば、落語や講談。ＡＩ技術やロボットがいろんな仕事をやってくれるようになると、人は時間があまって、エンターテインメントをもっともっと必要とするはずです。そんなとき、落語や講談は日本全国の各地で求められるはずですし、英語や他の外国語で話すことができれば、海外にも発信していけます。

サムライや浮世絵や相撲や歌舞伎のようなすでに外国人受けしているコンテンツ以外にも、日本全国の「祭り」や「踊り」や「唄」を保存して紹介する仕事、あるいは焼き物や和紙ような伝統工芸や宮大工の仕事など、探せばまだまだ発掘して紹介できると思います。

また、元々中国の料理だった「ラーメン」は日本で独自の発展をして、今中国本土にラーメン店ができています。さらに、インドに日本のカレー屋ができたり、フランスに日本のシュークリーム店ができたりという「面白い例」もあります。

毎日、外国人に接客していると、「まだまだ日本のことで紹介されていないものあるなあ」という気がいつもします。別に「日本のここがすごいよ」という気持ちではないのですが、これからどんどんグローバル化していったとき、やっぱり日本って「独特の面白い文化」で、フランスのように「ブランド化」できると思います。

若い人たちには、もちろん外国のいいところもどんどん取り入れながら、日本の面白い独特の文化を海外に発信してほしいなと、二三年間渋谷にいて感じています。

「私、おばさんだから」禁止

女性は若い頃に戻りたいのか？

お店の近所に「オーディション会場」みたいなのができたんです。そこでオーディションを受ける人たちが、会場の入り口でたむろしていることがよくあり、その横を度々通るのですが、これがなんとなく苦しいんです。

その中に、未来の大物がいるのだろうとは思うのですが、もちろんほとんどの人がオーディションに落ちて、例えばフリーターを続けたり、田舎に帰ったりと、いろいろな挫折が待ってるわけですよね。なんだかそういう雰囲気も伝わってくるんです。若いって大変だなあ、ってその前を通るたびにいつも感じるわけです。

この本を読んでいるあなたがいくつなのかわからないのですが、「若い頃に戻りたい」って思いますか？　僕は全く思わないです。あんな不安定で、無自覚に誰かを傷つけたりした時期は二度と味わいたくないです。

僕は今が一番いいし、できればこれから先の自分がもっともっと良い状態であればいいと思ってるんですね。人間ってそうあるべきだと思うし、「若い頃に戻りたい」って考え、全く理解できないんです。

まあでもそれは、僕が男性だからなのでしょうか。女性はやっぱり「若い頃に戻りたい」って感じるのでしょうか。いや、僕の希望としては女性も「今の自分が一番好き。もっともっと先の自分がもっといいはず」って思ってくれていたらいいなと思います。

なぜ「私、おばさんだから」と言うのか

とか言いながら、この年齢（五一歳です）になってくると、「自分が老けてしまった話」をついついしてしまうんです。僕の場合は、今まで全然大丈夫だったのに突然老眼になってしまったこととか、どれだけダイエットしても体を鍛えてもお腹周りが痩せなくなったこととか、まあどうしても老化現象ってあるものなんです。

女性に「いつ頃から、あ、老けたかもって思うようになりましたか？」という質問をすると、多くの人が「三五歳」って答えるようです。そうなんですね。三五歳なんですね。そういう老ける老けないということをある女性と話していたら、彼女がこんなことを言ったんです。

「知り合いで、『私、おばさんだから』って言う人がいて、私、あの言葉がすごく嫌いなんです。その人がその言葉を言うと、周りの若い人たちが『いやいやそんなことないですよ』って必ずフォローするんですね。その一連のやりとりもすごく嫌なんです」

なるほど、「私、おばさんだから」って言う人、確かにいます。僕もあの言葉困るんです。特に、近くにその人よりも年上と思われる女性がいると、すごく気まずいし、「そんなことないですよ」って言うしかないし、あの言葉を言う意味がわからないんですね。

そこで、どうして言うのか、考えてみました。まず、普通に考えて、「自分なんておばさんだから」と卑下することによって、「私はあなたたちみたいな若い人たちのように、恋愛とか夢とかを楽しめる立場じゃないのよ」って言ってるのでしょう。でもそれって、若い人たちが羨ましいってことにしかなりませんよね。

そして、「私、おばさんだから」っていう人は、やっぱり「若い人たちに負けたくない」と思ってるんです。でも、「私、老けているからダメ」とも思ってるんです。この「ややこしい自意識」が見えてくるから、この「私、おばさんだから」って言葉が不快なのかなって思います。

この言葉、他の解釈の仕方もあるかもしれません。でも、とにかく「私、おばさんだから」って言葉、禁止にしませんか？　どんな理由があっても、その言葉でプラスになる人がいるとは思えないです。そして、誰かがその言葉を言ってたら、「いやいやそんなことないですよ。十分お若いですよ」って返すのもやめにしませんか？　若い方がいいなんて、誰も決めていないんですから。

若者がおじさんから聞きたい話、聞きたくない話

「あの頃は良かった」話はみんな嫌い

おじさんに飲みに誘われることについてどう考えているのか知りたくて、連載のためにインタビューした、いわゆる美人な女性によく質問するんですね。

彼女たち、高級なお店や予約が取れないお店に連れてってもらえるのは、嬉しいことは嬉しいそうですけど、そういう場所は行き慣れているから、そういったことはあまり求めてないそうなんです。それよりも、「どういう話が聞けるか」っていうのが重要らしくて、要するに「自分のこれからのキャリアのためになる、面白くて楽しい話」が聞けるのならおじさんとはぜひ食事に行きたいそうなんです。

それってどういう話題なのか、もう少し突っ込んでみました。経験値の高い大人ならではの話って「世の中の仕組み」のことなんだそうです。例えばベンチャー企業の役員の「上場するっていうことは〜」っていう話だったり、芸能関係の人の「○○の事務所は△△に対して力を持っていて〜」っていう話だったり、裏の裏まで知ってて、「だからあの社長はこういう投資をした」とか「だからこの人は有名になれない」といったことを解説されたりすると「面白い」って感じるようです。

あるいは、飲食店での作法も勉強になるようで、「こういうお店ではカウンターの中の人たちにご馳走する」とか「お店が満席になってきたら、河岸《かし》を変える（別の飲み屋に移動することです）」とか、そういう大人ならではの「たしなみ」がすごく面白いそうです。

おじさんが「思い出話をするのってどうですか？」っていうのも、いろんな若い人に質問するんですね。みんなが嫌うのは、「あの頃は良かった」です。どういうわけだか、おじさんたちって、「昔は人と人の繋がりが温かかった」って信じているんです。今はインターネットで繋がり、人との関係性が冷たくなったと思っているんです。いやいや、逆に簡単に繋がれるから、インターネットの普及以降の方が、濃い関係が多いですよね。

その延長線上で、「昔はこんなのがあったんだけど、知らないでしょ?」というネタも嫌なようです。わかりやすいところでいくと、「ポケベルっていうのがあって、数字を言葉代わりにして送ってたの。『0906』って数字が来たら『遅れる』っていう意味なの。知らないでしょ?」って感じでしょうか。ありますよね。パソコン通信とかFMラジオのエアチェックとか、「知らないでしょ」っていうおじさん多いです。

おじさんの話ワーストスリーと面白い話ベストツー

そんな、「おじさんとの会話ここが嫌」の三大ネタを発見しました。

①あれ、俺がやったんだよ

みっともないですよね。これ、自分で言わなきゃいけないということは、そんなに大したことじゃないんです。だって孫正義さんが飲み屋で「PayPayは俺がやったんだよ」なんて言わないですよね。「あれ、俺がやったんだよ」は悲しいです。

②俺、あの人と知り合いなんだよ

知り合いなんて誰でもなれますからね。同様に、有名人の名前を出して「あの人？　いつでも呼べるよ。今ここに『飲みにこない？』って言ったらいつでも来るよ。本当に呼んでみようか？」って言う人もいますが、呼ばれる側の気にもなってください、です。

③話しているときの口の臭い

これはお互い気をつけましょう。男性も女性も年齢を重ねたら、口は臭いです。年を取ると唾液が少なくなってきて、口の中の雑菌が繁殖しやすくなるそうです。だから老人の口は臭くて、幼児の口は臭くないんです。あと体、どうしても臭くなります。香水もありなようですよ。

一方で、うまく話すと面白いと思われる二大話です。

①妻や家族のこと

特に女性は、相手と出会ってどうやって告白して結婚したか、どういう結婚式だったか、という話を面白おかしく話されるのは楽しいと感じるようです。あとは子供の話ですね。「今、中学なんだけど、なんか登校拒否気味で」とかって話を告白されると、「ああ、この人はお父さんなんだ」みたいにいろいろと感じてくれるようです。

②若い頃の苦労話

海外に留学したこととか、一度仕事でひどい失敗をして挫折したけどその後がんばったこととか、起業したときの話とかは、若い人はみんないろいろと聞きたいようです。もちろん自慢話はすぐ気づかれるので注意してください。あ、大学受験の話を大人になってもする人がいますが、ごめんなさい、それつまんないようです。

そして当然ですが、おじさんたち、自分の話ばかりはやめていただきたいようですよ。

平成が始まるとき、世界全体のGDPのうち日本の割合は一六パーセントだったけど、平成が終わるときは六パーセントだったらしいんですね。日本、落ちましたよね。でも僕、いつまでたっても「日本ってすごく豊かな国」っていう意識が捨てられないんです。でも若い人はそう感じていないはずですよね。

インターネットのことや働き方の考えの違いはもちろんですが、日本のことや海外のことなんかでも全然違う面白い話、若い人から聞けそうですよね。若い人たちと話すいいチャンスです。自分の話ばかりするのではなくて、そんな話も聞いてみてくださいね。

憧れとキモいの分岐点

いつの間にかおじさん、おばさんの世代に

一〇代の頃って、三〇歳より上の人はみんな「おじさん、おばさん」と思ってませんでしたか？　僕はすごい年上で、自分たちとは全く関係ない世界の人たちと感じていました。でも、いざ自分がおじさん、おばさん側の人間になってしまうと、「まだまだ全然若い気持ち」のままなんです。

最近、すごい年齢差の結婚や恋愛、本当に普通になりました。男性が年上というのは昔からたまに聞くのですが、以前、四〇代の女優さんが男性若手アイドルと噂になっていましたよね。ちなみに、僕の妻も八歳上なんです。結構上ですよね。で、今、思い返すとやっぱり最初は妻への「いろんなことを知っている大人の女性としての憧れ」があったように思います。

妻は東京の世田谷育ちで某有名アパレル出身、僕が四国出身でフリーターという差もあったからだとは思うのですが、都内のお洒落なお店や遊び方を知っていて、お金の使い方なんかも「素敵だなあ」って僕が憧れたのがきっかけだったように思います。若手アイドルの子もたぶん年上の女優さんに対して憧れがあったのだと僕は想像してしまいました。だから僕以外にも、そのアイドルと女優の交際を嬉しいと感じた人はいたのではないかと思います。

では、僕たちおじさんやおばさんの中で、どんな人が若い人たちから憧れられていて、どんな人が「おじさん、気持ち悪いなあ」と思われているのでしょうか。そんな「憧れ」と「キモい」の分岐点について、いろいろとカウンターで聞いてみました。

どうすれば若い人たちに憧れられるのか？

まず「知らない年上の人」、これは「ただのおじさん」だそうです。まあそうですよね。仕方ないです。僕たちが一〇代のときもそう思っていました。認めましょう。

だけど「知っている年上の人で、自分にとって価値がある情報や経験をたくさん持っている人」、この人はおじさんではないようです。それって職場などのいろんなコミュニティで知り合った人ですよね。

それとは別に、坂本龍一や村上春樹といった著名人も知り合ってはいないけど、自分にとって価値がある情報や経験を持っているのをいろんなメディアを通して知っているから、「おじさんではなく憧れの年上の人」に該当するわけです。

ということは、僕たちおじさんやおばさんは、「自分は価値がある情報や経験をたくさん持っている」ということを若い人たちにアピールすればいいのかというと、そんなこともないようです。若い人はそういうことを敏感に感じて、薄っぺらく思うんだそうです。

例えば、おじさんって必ず「昔話」をしますよね。僕が若者だった頃のおじさんは、学園紛争やジャズ喫茶やビートルズの話なんかをよくしてきました。今ならバブル時代の話とか、昔流行ったクラブの話とか、ＹＭＯとか渋谷系とかパルコ文化の話でしょうか。いや、今四〇歳前後の人だと、渋谷系どころかソロになったあとの小沢健二の話とかエヴァンゲリオンの話になってしまうのかもしれません。

でもそんな昔話をしてしまうと、若い人は、「薄っぺらいなあ」と感じるそうなんです。で、どうして薄っぺらいと感じるのかを聞いてみたところ、「そのおじさんはたまたまその時代にいたから、そのクラブに行けただけ」だからだそうです。うわぁ、言われてみれば、確かにそんなの自慢にも何にもならないですよね。「世代が違うだけ」なんですから。

もちろんそのおじさんが当事者で、そのクラブを作ったり、渋谷系の有名なバンドのメンバーだったり、誰もが知っている広告コピーを作ったりしていたら「すごい知識と経験を持っているんだ」って憧れられます。でも、ほとんどのおじさんは「ただその時代にそこにいただけ」なんです。だから、「昔話」は若い人たちにとって退屈だし、そんな話はおじさんの価値を下げるだけなんです。

じゃあ、あなたが僕と同じ普通のおじさんだったら、どうすれば若い人に憧れられるのでしょうか。それは、まず昔話はしない、そして自分の経験は秘密にしておくのが最も有効な方法なのだそうです。

実は僕たちおじさんやおばさんは、若い人が知らないたくさんの有益な経験をたっぷりしているんです。それを自慢話のようにひけらかさないで、ふとその話題が出た瞬間に「解散した○○のライブ行ったことあるよ」とか「その映画は公開当時劇場で見たね」なんてことをいうと、相手は「この人あまり昔のことを話さないけど、きっといろんなすごい体験をしてるんだろうなあ」って感じるわけです。

ハリウッド映画なんかで、「何にも喋らないアジア系の老人」が出てくると、なぜか僕らは、「何か秘密があるのでは」と期待してしまいます。それと同じ現象が起きるのです。だから昔話ばっかりしてないで、「秘密を持っている風に」見せましょう。

最後に、ある若い人からこんなことを言われました。

「若い人に憧れられたいっていう発想が一番キモい」

うーん、もう何も言えません。

「飲みに行きたいと思われる大人」になりたい

毎日のように一緒に仕事して飲みに行っていた人

ある日曜日の夜、妻と二人で近所のハナイグチという食堂でワインを飲んでいたときのこと。妻が突然、「中村さんと飲みに行きたいね」って言いました。中村悌二《ていじ》さん、僕が修行をしたフェアグランドというバーの社長で、僕のバーテンダーの師匠でもある人です。今は飲食業界のプロデューサーとして大活躍していて、日本各地のお店だけでなく、海外の飲食店の仕事もされていて、まあとにかく忙しい人なんです。

僕がそのフェアグランドで働きたい、バーテンダー修行をしたいと思った二五年以上前のこと。僕はまだ二五歳で、履歴書を手にお店に行き、三〇分ほど中村さんと話した後、「もう一回面接するから。日曜日の夕方、飲みに行こう」ということを言われました。

そして日曜日の夕方五時頃に下北沢で待ち合わせをして、夜中の一時くらいまで中村さんと二人で、三、四軒、飲み屋をはしごして、いろんなことを話しました。もちろん僕はすごく酔っぱらっているのですが、社長の前で失敗するわけにもいかず、ずっと綺麗な飲み方をキープしました。

そして最後に、中村さんのお店であるフェアグランドに連れていってもらい、「おまえ、何飲む?」と言われたので、僕は「ダイキリをお願いします」とバーテンダーさんに伝えました。僕がそのダイキリに口をつけたときに、「こいつ、今度うちで働くことになったから。いつかバーやりたいらしいから、よろしく」と店の他のスタッフに僕を紹介してくれました。

ほぼ八時間、みっちり二人でお酒を入れて話し込めば、その人間の本質みたいなものは理解できますよね。「こんな面接をする人なんだ。面白い人だなあ」と、面接を受けた僕の方が中村さんに心を掴まれてしまいました(今思ってもいい面接ですよね。経営者の方、参考にしてみてください)。

それから、中村さんにはいろんなことを教えてもらいました。「バーテンダーにとって大切なのは技術ではなく、お客様がどういう風にされると心地よいのかというのを先回りして考えること」、「いいお店だなあと感じて、支払うときに少しだけ想像していたより安いと、お客様はリピートしてくれること」などなど。まあとにかく二年間、カウンターの隣で、あるいは仕事の後に二人で飲みに行って、たくさん学びました。

以前は毎日のように一緒に飲んでいたのに、今、中村さんに連絡をして、スケジュールを聞いて、すごく喜んでもらえそうなお店を予約して、招待して、妻も含め中村さんと三人で飲むって、僕にとって「大事業」なんです。

おじさんとして最高の勲章

僕、五〇歳をこえました。bar bossaを始めたときは二七歳でして、「お店の中で自分が最年少」っていう状態が当たり前だったんです。いろんなお客様に、いろんなことを教えてもらって、たまには飲みに連れて行ってもらって、酒場のことや恋愛のことやお金のことや家庭のことを学びました。

そして今、僕は「年長者側」になってしまったんです。僕はあのときの大人たちのように、下の世代にいろんなことを教えられているかな、とたまに立ち止まって考えてしまいます。でも、若い人たちって、「おじさんの小言」とかって嫌いですよね。僕も正直、嫌いでした。「ああ、また団塊の世代が、この手の話をしてるなあ、つまんないなあ、早く終わらないかな」って思ったものです。

それでも、中には「この人は本当に尊敬できるなあ」っていう大人もたくさんいました。僕は、「尊敬される側の大人になれているんだろうか」と、また立ち止まって思います。

おかげさまで、bar bossaは開店して二〇年以上になりますが経営は安定していまして、娘も社会人になっていますし、原稿仕事もたくさんあります。あとは、死ぬまでの二〇年くらいの間に、いい小説を何冊か発表できたら、僕の人生は「ＯＫ」と感じるような年齢になってきました。

ある日曜日、久我山で妻とワインを飲みながら、「林さんと飲みに行きたいな」って若い人たちに思われるような大人になりたいなって、話しました。だって、若い人は普通、

「すごく年上の人」とは飲みに行きたくないですよね。「ああ、この人、すごく年上のおじさんだけど、一緒に飲みに行って、いろいろと話をしてみたいな」って思われるって、大人にとって、実は最高の勲章です。

あなたはどうですか?

自分よりも下の世代の人たちに「飲みに行きましょうよ」とか、「今度、食事行きましょうよ」とか、「バーって行ったことないんで、連れてってくださいよ」とかって言われたことはありますか? もしかして、若い世代から「今度、飲みに連れて行ってくださいよ」って言われるのが、一番カッコいいことなのかもしれません。

おわりに

いかがでしたか？　僕も今、原稿を何度も読み返して、この「おわりに」を書きながら、「大人って何だろう？　大人ってどういうことなんだろう？」と考えているところです。

この本の企画を産業編集センターの前田康匡さんからメールでいただいて、コロナの緊急事態宣言中だったので、初めてのミーティングをZOOMで行いました。前田さんも僕も、お互いこの本は「大人になるための本、大人っていいよっていう本」にするといいのではというアイディアを持っていて、話はすぐにまとまりました。

僕、池波正太郎の『男の作法』や、山口瞳の『礼儀作法入門』が好きで、若い頃によく読んだのですが、今、読むとやっぱりいろんなしきたりが古いから、それの現代版みたいなのをいつか自分の手で書いてみたいなって思ってたんですね。

その池波正太郎と山口瞳の系譜にあたる常盤新平の『新・おとなの流儀　威張ってはいかんよ』という本があります。

常盤新平は池波や山口よりも、少し控えめで「いや自分も全然ダメなんだけど」って感じで自戒をこめて書いてまして、「今回の本は、あの感じでどうでしょうか」と前田さんに提案してみました。

前田さんとデザイナーの新井大輔さんが、その『新・おとなの流儀　威張ってはいかんよ』の、いかにも昭和な感じの装丁をくみ取ってくれて、「イラストレーターは市村譲さんはいかがでしょうか？」と提案してくれました。

イラストレーターの市村さん、僕がすごく好きなスタイルの絵を描く方で、さらに驚いたことに、偶然、僕が二〇〇四年に書いた『ボサノヴァ』（アノニマスタジオ）という本を読まれていて、運命のようなものを感じました。そしてあなたが手にしているこの本の素晴らしいイラストを描いてくださいました。ありがとうございます。

その『ボサノヴァ』という本をいれて、今まで七冊の本を書いているのですが、この『大人の条件』はとても異質。僕にとっては新しい試みでした。

この本の中でも書きましたが、今、とにかく世の中の価値観がすごいスピードで変化していると思うんですね。

僕が、bar bossaを開店したのは一九九七年だったので、もちろんインターネットは普及していなくて、みんな朝まで煙草をすいながら高いボルドーやブルゴーニュのワインを飲んで、でっかい仕事の話をしたり、恋愛を楽しんだりしていました。

かげりが見え始めたのは、二〇〇八年のリーマンショックです。深夜のバーのような店は、「会社の領収証で飲む人たち」の売り上げで回っているのですが、そういう人たちが激減しました。

二〇一一年の東日本大震災で、さらに日本は変わりました。覚えていますでしょうか。当時は節電で、夜の街の光は消えて、バーで朝まで飲む人なんてほとんどいなくなりました。

bar bossaは時代に合わせて、店内を全面禁煙にしたり、お酒を飲まない若者が増えてきたのに合わせ、ノンアルコールドリンクを増やしたりと、時代に対応しながら、二三年間を乗り越えてきました。

そしてコロナです。僕、渋谷を見続けてすごく長いのですが、外国人が全くいなくなって、たくさんの飲食店が潰れて、空いたままの物件がこんなにたくさんある渋谷、初めてです。

以前は「飲みニケーション」なんて言って、「とりあえず飲みに行きましょうか。乾杯！」っていうのが日常だったのに、そんな日常も変化しつつあります。

でも、そんな風に街が、社会が変化しても「ちゃんとした大人」ってこの世の中に必要です。ちゃんとした大人一人一人がこの世の中を良くしようと働きかけ、かつて常盤新平が若い人に「威張ってはいかんよ」と言ったように、僕たちも若い人たちに「威張らない方がいいと思うよ。僕も威張らないから」って伝えるべきですよね。


これから世の中、どう変わっていくのでしょうか。仕事のこと、恋愛のこと、いろんなルールも変わっていくとは思うのですが、この本で僕が伝えようと思ったことは、ずっと変わらないと思います。

あなたは「いい大人」になれそうですか？　僕も「いい大人」になれるよう頑張ります。一緒に頑張ってみましょう。

林伸次

初出一覧

本書は、WEBサイト「cakes」で連載の「ワイングラスのむこう側」に書き下ろし分を加え、加筆・修正し、まとめたものです。 https://cakes.mu/

はっきり伝えないと「好き」を受け取らない女性　二〇一九年一〇月二日
寝てもいい男の誘いを断る理由　二〇一八年三月三〇日
「嫌い」という感情との向き合い方　二〇一六年二月一九日
今年一年、どんな食卓を囲みましたか?　二〇一七年一二月二九日
結婚てこんなに素晴らしい　二〇一七年一月六日

第四章

最近できた飲食店での新しいマナー　二〇一九年六月七日
飲食店で「おすすめは?」と聞くこと　二〇一八年三月一六日
「まずい」「つまらない」禁止　二〇一九年九月二〇日
凄まじい勢いで時代が変わっている　二〇二〇年六月二日
取材拒否の店が取材を受ける理由　二〇一八年三月九日
ネットではわからないおいしい飲食店の見つけ方　二〇一五年一〇月九日

第五章

おじさんがやるべきこと　二〇一九年七月一九日
不倫は本当に時間の無駄　二〇一八年九月七日
「私、おばさんだから」禁止　二〇一八年一〇月二六日
若者がおじさんから聞きたい話、聞きたくない話　二〇一九年五月一七日
憧れとキモいの分岐点　二〇一六年五月二七日
「飲みに行きたい大人」になりたい　二〇一八年一二月一八日

※書籍収録時にタイトルを一部改題しました。

参考文献一覧

『嫉妬をとめられない人』片田珠美(小学館新書)
『閑な読書人』荻原魚雷(晶文社)
『Think CIVILITY「礼儀正しさ」こそ最強の生存戦略である』クリスティーン・ポラス／著　夏目大／訳(東洋経済新報社)
『進化心理学から考えるホモサピエンス』アラン・S・ミラー、サトシ・カナザワ／著　伊藤和子／訳(パンローリング)
『論破力』ひろゆき(朝日新書)

林 伸次　*Shinji Hayashi*

1969年生まれ。徳島県出身。
渋谷のワインバー「bar bossa（バールボッサ）」店主。
レコファン（中古レコード店）で2年、
バッカーナ&サバス東京（ブラジリアン・レストラン）で2年、
フェアグランド（ショット・バー）で2年勤務を経た後、
1997年渋谷に「bar bossa」をオープンする。
2001年ネット上でBOSSA RECORDSをオープン。
選曲CD、CDライナー執筆多数。
著書に『バーのマスターはなぜネクタイをしているのか？』（DU BOOKS）、
『恋はいつもなにげなく始まってなにげなく終わる。』（幻冬舎）等がある。

大人の条件

さまよえるオトナたち へ

2020年11月13日　第1刷発行
2021年 1 月26日　第2刷発行

著者 ＿＿＿＿ 林 伸次
装丁 ＿＿＿＿ 新井大輔　中島里夏（装幀新井）
装画 ＿＿＿＿ 市村 譲
編集 ＿＿＿＿ 前田康匡（産業編集センター）
発行 ＿＿＿＿ 株式会社産業編集センター
〒112-0011　東京都文京区千石4丁目39番17号
TEL 03-5395-6133　FAX 03-5395-5320
印刷・製本 ＿＿ 萩原印刷株式会社

ISBN 978-4-86311-278-0　C0095